ムー公式

実践・超日常英会話

学研

Hajimeni
ハジメニ

「オカルト」とは、もともと

「隠されたもの」という意味だ。

The word "Occult" originally means
"the things that are hidden".

ネットニュースやSNSの発達によって、世界はぐっと縮まった。そして、その収縮の速度はさらに上がり続けている。こうした傾向は、現実世界も超常現象の世界も変わらない。誰もがさまざまな種類の情報を発信し、受け取りやすくなったため、世界中の人が同じ意味を持つ言葉を共有する時代がやってきた。

速報性を軸にして考えると、やはり英語が一番強いだろう。それは最も広く使われている言語であるからにほかならない。奇妙な出来事が起きた現場が英語圏であっても英語圏でなくても、伝える手段として最も多く選ばれる言語は英語なのだ。

いかなる種類の情報であれ――UFOであってもUMAであっても、そして霊現象であっても――、内容は正確に知る必要がある。この本は、あまた存在する情報にちりばめられた真実を拾い上げるのに役立つ、はずである。

さらに言うなら、たとえば海外旅行に行ったときに、もしも――あくまでもしも、だが――旅先で日常を超えたミステリアスな事件に巻き込まれてしまったら、この本の知識がピンチに陥ったあなたを救うかもしれない。

レストランで出てきた水が血のような味で、ボトル入りのミネラルウォーターに取り換えてもらいたいとき。一緒に旅行中の友達がUFOにさらわれ、軍や警察に連絡を取りたいとき。ゴーストツアーの免責事項を確認したいとき。取引先が地球人ではなさそうなとき、いずれも何らかの形で役に立つはずだ。

この一冊は、あなたが世界中どこにいたとしても、超日常的な日常の助けとなる絶好のコンパニオンブックとなってくれるだろう。

CONTENTS

5-9 聖痕 （両の手に血の十字架が浮いたから1月4日は聖痕記念日。） 114

5-10 救世主 （救世主が現れるという預言に従い、博士は西へ向かった。） 116

chapter 6 UMA・怪人 ……… 119

6-1 未確認動物 （未確認動物の中でも、ビッグフットは実在する可能性が高い。） 120

6-2 湖の怪獣 （6世紀の文献にも、ネス湖の怪獣について記述がある。） 122

6-3 エイリアン・アニマル （チュパカブラはエイリアン・アニマルだという説が強い。） 124

6-4 巨大生物 （海底の巨大生物に襲われたため、この船は間もなく沈没します。） 126

6-5 巨人 （この博物館に収蔵されている巨人族の骨を見せてください。） 128

6-6 吸血鬼 （吸血鬼の祖父が亡くなったので、参列者はひとりずつ心臓に杭を打った。） 130

6-7 妖精 （朝食は、人間ふたりと、妖精さんの分を用意してください。） 132

6-8 怪人 （スレンダーマンは作り話から実体化した怪人だ。） 134

6-9 河童 （河童に襲われると尻子玉を抜かれる、という昔話を聞いたことがある。） 136

6-10 ツチノコ （日本では毎年5月、ツチノコ狩りが行われる。） 138

chapter 7 古代文明 ……… 141

7-1 オーパーツ （時代や場所にそぐわない遺物を略してオーパーツと呼ぶ。） 142

7-2 超古代文明 （伝説の超古代文明は、1万2000年前に太平洋に沈んだ。） 144

7-3 古代遺跡 （南極にあるピラミッドや古代遺跡はアトランティス文明の遺産だ。） 146

7-4 巨石 （古代人は音の振動で巨石を宙に浮かべることができた。） 148

7-5 ピラミッド （ギザの三大ピラミッドの配置は、オリオン座の三ツ星と一致する。） 150

7-6 地上絵 （ナスカの地上絵は、異星人へのメッセージだ。） 152

7-7 三種の神器 （日本では、剣、玉、鏡が三種の神器として祀られている。） 154

7-8 土偶 （遮光器土偶は宇宙服を着た異星人の姿を思わせる。） 156

7-9 古代核戦争 （モヘンジョ・ダロは古代核戦争で滅びた都市の遺跡だ。） 158

7-10 大洪水 （神話時代の大洪水で、地球上の生物はほぼ全滅した。） 160

chapter 8 異常気象・滅亡 ……163

8-1 ファフロツキーズ （今日は晴れのち曇り、ところによりカエルが降るファフロツキーズがあるでしょう。） 164

8-2 ポールシフト （ポールシフトで環境が激変し、無農薬栽培のリンゴの木が枯れてしまった。） 166

8-3 ミステリー・サークル （毎年夏、イギリスの田園にミステリー・サークルが出現する。） 168

8-4 地底 （南極と北極には、地底世界に続く穴がある。） 170

8-5 バミューダ海域 （天候のため、この船はバミューダ・トライアングルを突っ切る航路に入ります。） 172

8-6 気象兵器 （学園祭が嫌すぎて、気象兵器で台風を呼んだ。） 174

8-7 日蝕 （日蝕が起きると、国家が崩壊するといわれている。） 176

8-8 高次元 （ホログラフ理論では、この世界は高次元の投影にすぎないと考えられる。） 178

8-9 ワープトンネル （若いころに参加した実験で、ワープトンネルを通じて火星に行ったことがある。） 180

8-10 滅亡 （とにかく、地球は滅亡する！） 182

おわりに……186　索引……188

chapter 1

UFO、エイリアン

～こんにちは宇宙人～

UFO, ALIEN —— HELLO, ALIEN

［ UFO多発地帯 ］
UFO sighting hot spots

この街でUFOがよく出る場所を教えてください。

Where is the UFO sighting hot spot here in this town?

キーワード解説：hot spot

hot spot という単語は単に見られるだけではなく、多く出現するというニュアンスが強い。転じて、犯罪多発地帯や山火事多発地帯という意味合いでも使われる。ちなみに tourist hot spot というと、観光客に人気の場所という意味になる。

STEP UP!

● あなたが目撃したUFOを
絵に描いてください。

● **Please draw a picture of the UFO you saw.**

解説 目撃者を前にしているシチュエーションを考えれば、こういうストレートな言い方がよいと思われる。

● UFOを目撃したとき、音や匂いで異常を
感じませんでしたか？

● **When you saw the UFO, didn't you hear or smell something you thought unusual?**

解説 写真には残らない情報も重要。something～で、「何か～なもの」という意味になる。この例文では「音や匂いを通じて異常を感じなかったか」というニュアンスを「異常な音を聞いたり、異常な匂いを嗅いだりしたか」とストレートに表現した。

● 今日はよく晴れているから、
きっとUFOが見られるぞ！

● **It's a fine day today,
I bet we can spot some UFOs!**

解説 見るという意味の単語は、watchとかlookとかがあるが、UFOを「見つける」「広い空間の中に見出す」という意味合いならfindではなくspotがベターだ。

1 UFO・エイリアン

海外でUFOを撮影したら、MUFON (Mutual UFO Network) という団体に連絡を入れるのが一番。目撃直後でも、現場から一番近い支部をググる時間は十分にあります。日本だったら、迷わずムー編集部へ。

KEY WORD 1-2

[空飛ぶ円盤]
Flying saucers

!

70年前に空飛ぶ円盤が墜落して、ロズウェルはすっかり観光地になった。

The town of Roswell became a well-known tourist attraction thanks to the flying saucers that had crashed there 70 years ago.

キーワード解説： Flying saucers

Flying saucers という言葉を初めて使ったのはアメリカの実業家ケネス・アーノルドだと言われている。自家用機で飛行中に９つの三日月型の飛行物体を見たアーノルドは、「皿が水面を切るようにして飛んでいるようだった」と語った。正確に言うなら Flying Disc だろうが、なぜか日本語では Flying Saucer に空飛ぶ円盤という訳語があてられている。

Discは円盤投げの円盤のような形、Saucerはお皿を逆さにした形。アダムスキー型は本来ならbowlという表現がしっくりくるかもしれないが、Flying bowlという表現が使われた例は見たことがない。

STEP UP!

● 昨日目撃した円盤は、お椀を伏せたような形状の、いわゆるアダムスキー型だった。

● **The flying disc I saw last night was a so-called Adamski-type, the one shaped like a bowl put upside down.**

解説 ジョージ・アダムスキーという名前を知っている人は、今どれくらいいるだろうか？　最古のコンタクティーといった立場の人物である。そのアダムスキーが見た円盤の、お椀を伏せたような形状がUFOの定番となった。

● 巨大な葉巻形UFOから小型の円盤が続々と発進していくのを見た。

● **I saw lots of small discs emerging from a huge cigar shaped UFO.**

解説 アダムスキー型に次いで多く目撃証言に出てくるのが、葉巻型というタイプのUFOだ。巨大なものが多く、アメリカでの目撃例では「フットボールフィールド2面分の長さ」なんていう表現が用いられることが多い。

● 灰皿みたいな円盤を捕まえたけど、いつの間にか消えていた。

● **I thought I had caught a UFO shaped like an ashtray, but it disappeared before I knew it.**

解説 日本にもUFOの捕獲事例（!?）がある。1972年に高知県で起きた介良（けら）事件だ。UFOを捕獲した少年たちの証言を総合して、鋳物の灰皿を伏せたような形状だったと推定されている。

KEY WORD

1-3 [証拠を隠滅する] Disposing of the evidence

墜落事件のメモや写真などの証拠はすべて隠滅された。

All the evidence of the crash incident, the memos as well as the photographs, were disposed.

キーワード解説：Evidence

証拠は evidence、物証は material evidence とか physical evidence という言い方になる。隠滅という表現は、例文の dispose のほかに destroy とか hide、あるいは eliminate を使うこともある。

STEP UP!

● 私の母は、NASAでUFOを消す画像処理の仕事をしている。

● **My mother's job at NASA is erasing UFOs. I mean, she's an image processing engineer.**

解説 この話どうやら本当で、NASAにはビルディング8という部署があって、80年代にはこの部署でエアブラシの手作業で画像処理を加え、UFOらしきものを消していたらしい。ドナ・ヘアという元技術者がカムアウトした映像も各種動画サイトにアップされている。

● 残念ながら、写真の光はレンズフレアという普通の光学現象です。

● **Unfortunately, the light in the picture is a totally normal optical phenomenon called lens flare.**

解説 UFO写真も、よーく見ないと恥をかくことになる。かつては一眼レフカメラやデジカメのストラップが写り込むというきわめてアナログな間違いも頻発した。レンズへの反射などもUFOと見間違えることがよくある。

● UFOの写真を撮影した友達が、黒ずくめの男ふたり組に尋問されている。

● **A friend of mine who took some pictures of UFOs is being interrogated by two men dressed all in black.**

解説 MIB＝メン・イン・ブラックは、映画で描かれるほどポップな奴らではない。UFOやエイリアンがらみの物を手に入れてしまったら、まず黒塗りのセダンに注意しよう。その車に、ほとんどの場合二人一組で乗っている黒ずくめの男たちこそが、ずばりMIBだ。

ロズウェル事件で有名になったジェシー・マーセル大佐の家をたまたま買ってしまった夫妻は、事件後50年以上経ったころ、突然訪れた見ず知らずの研究家に、玄関先をいきなりユンボで掘り返されたらしい。

KEY WORD

1-4

[エリア 51]
Area 51

米軍はエリア51で異星人と協力し、UFOを開発している。

The U.S. Military is developing UFOs at Area 51, in cooperation with the aliens.

キーワード解説：Area 51

ネバダ州南部の一角にあるアメリカ軍の極秘施設を指す。ロズウェルで墜落した円盤から回収されたエイリアン（死体も生き残りも）が運び込まれた。さらに地球製UFOの開発・飛行実験が行われている施設という噂もある。ちなみに、この施設の存在は2013年になって初めて公の場で認められた。

STEP UP!

● 異星人の遺体はライト・パターソン空軍基地に運ばれました。

● The bodies of aliens were brought to the Wright-Patterson Air Force Base.

解説 ロズウェル事件の現場で回収された遺体は、まずロズウェル陸軍航空基地に運ばれ、その後特別機でオハイオ州のライト・パターソン空軍基地に運ばれたと言われている。さらにエリア51に移送されたというのだが……。

● 異星人の解剖映像の存在を日本の新聞社がスクープした。

● A Japanese newspaper got a scoop on the existence of an alien autopsy film.

解説 『宇宙人解剖フィルム』、いわゆるサンティリ・フィルムというのが公開されて大騒ぎになったのは、ちょっと前の時代だ。UFO研究家の間では「とてもよくできた特撮フィルム」という見方がコンセンサスになっているが、制作意図までは不明のまま。

● あれはUFOですか？
いいえ、米軍の秘密兵器です。

● Is that a UFO?
No. That's a secret weapon of the U.S. military.

解説 TR-3Bと呼ばれる三角形UFOが世界のあちこちに出没しているが、この種の超先進型航空機の開発・実験が行われているのもエリア51だったと言われている。現在、このプロジェクトの中枢はエリア52と呼ばれている新しい秘密基地に移されたとされている。

イチロー選手のシアトル・マリナーズ時代、本拠地のライトスタンドには背番号にちなんでArea 51という横断幕がかけられていた。どんな打球もアウトになり、レーザーのような返球が飛んでくるという意味だ。

KEY WORD

1-5 [UFOの大量飛来] UFO flap

ベルギーにUFOが大量に飛来した。

There was a UFO flap in Belgium.

キーワード解説：flap

ごく普通の航空機とか、あるいはミサイルだったら、飛来するという意味は形容詞のincomingとか動詞のfly intoといった表現になるが、UFOの大量飛来・目撃というニュアンスにぴったりなのはflapという言い方だ。例文にもあるように、ベルギーでは1989年11月から1990年4月までUFOフラップ現象が続いた。ちなみに、アメリカではワシントンDCでは1952年に同様の現象が起きている。UFO waveという言い方もある。

STEP UP!

- UFOが飛来して、町中が停電になった。
- **When the UFOs appeared in the sky, the whole town suffered from a power outage.**

解説 『Xファイル』のUFOがらみのエピソードを見てもわかるように、UFOが現れると時計や車が止まったりする。電子機器も異常を来たす。核ミサイル基地の上空にUFOが飛来して、勝手に発射準備が整ってしまったという事件もあった。

- 100年前にUFOが飛来した場所に、今は教会が立っています。
- **There's a church on the spot where a UFO flew over 100 years ago.**

解説 ポルトガルのファティマでは1917年にマリアが出現して聖地となった。何万もの群衆が目撃した空の光はUFOだったという説もある。

- 地表に落ちてきた巨大隕石をUFOが撃墜してくれた。
- **A UFO intercepted and shot down the huge meteor that was falling to the ground.**

解説 地球防衛軍をUFOが狙う例？　地球に何らかの利用価値を見出しているエイリアンは、こうした行動に出るかもしれない。

空を飛ぶ怪しい物体を撮影するなら、いきなりアップにはせず、引きの画面でできる限りゆっくりスマホを動かしながら追うのがいいようだ。写り込む建物や木との比較にもなり、物体の大きさもわかりやすい。

KEY WORD

1-6 [呼びかける] Calling

右手を空に向けて、ゆんゆんゆんゆん……と呼びかけてください。

Say "Yoon, yoon, yoon, yoon" while holding your right palm up to the sky.

キーワード解説： Calling

UFOコンタクティー（contactee）と呼ばれる人はたくさんいる。UFOの呼び寄せ方ダイヤル式の黒電話に着陸地点の連絡があるとか、ある歌謡曲を大音量でかけながら輪になって踊るとか。いずれにしても気楽に呼び出すわけにはいかないようだ。

STEP UP!

- 呼んだ日ではなく、3日後に出現することがあるので、あきらめてはいけません。
- UFOs do not necessarily appear on the day you summon them. They sometimes come around three days later, so do not give up.

解説 確かに、定期的に集まって呼ぶというイベントを続けていると、その場が"会いたい"とか"見たい"というエネルギーで満たされることがあるらしい。可能ならば決まった場所で決まった時間に、決まったメンバーで試みるのがよいかもしれない。

- 目に見えていなくても、写真にだけ写る場合があります。
- Even if you can't see them with your naked eyes, UFOs sometimes do appear in photographs.

解説 これは本当によく聞く話だ。何気ないスナップ写真にものすごいUFOが写ることもある。先入観がまったくない状態でシャッターを押すのがよいのかもしれない。

- UFOを撮影したら、ムー編集部に送ってください。
- If you successfully take pictures of UFOs, or capture them on video, please send the materials to MU magazine's editorial office.

解説 そうです。ただちにムー編集部に送ってください。エキスパートが優しく、あたたかく対応します。

筆者の知り合いのUFOコンタクティーが呼び掛けると、その出現率は100パーセントで、必ずUFO写真が撮れる。長野県の某所で撮った写真には、窓の部分まではっきり見えるアダムスキー型円盤が写っていた。

[誘拐事件]
Abduction

友人が異星人に誘拐されたので、警察と軍隊を呼んでください。

I need you to call the police AND the military, because my friend was abducted by aliens.

キーワード解説： Abduction

身代金目的で子供などをさらうという意味の誘拐には kidnap という単語を使うが、エイリアンにさらわれたときにはアブダクト（abduct）を使うのが普通。さらわれた人たちはアブダクティー（abductee）と呼ばれる。名詞になるとアブダクション（abduction）になる。

STEP UP!

● 昨日の夜にUFOを見てから、丸一日分の記憶がない。

● **I've lost a day's memory after seeing a UFO last night.**

解説 とあるリサーチャーの解釈によれば、UFOは周囲の“場”に作用することで複雑な飛行パターンを実現することができるらしい。こうした作用の結果として、目撃者の記憶が消えてしまうということも考えられる。大事な約束をすっぽかしてしまったらUFOのせいにしよう。

● 異星人に、右耳の後ろに金属片を埋め込まれた。

● **The aliens planted a metallic object in the back of my right ear.**

解説 アメリカにはインプラント事例専門の研究者がいる。自らが手術を行って摘出した30個以上の金属片をゼロハリバートンのアタッシュケースに入れて持ち運び、講演会で見せて回っている人がいる。

● 逆行催眠で、消された記憶を甦らせよう。

● **Let's try to regain your erased memory through hypnotic regression.**

解説 アブダクティー事例の解明には逆行催眠が最も有効な手段とされている。逆行催眠を使うと、肉体的にも体験当時のままの反応が現れ、みみずばれとか、ときとしては切り傷が出現することもあるらしい。

アメリカでは、スーパーで売っている牛乳の紙パックに行方不明になっている子供達の写真が印刷されている。そこにUFOアブダクション事例の犠牲者も含まれていると主張する研究者は少なくないが……。

KEY WORD 1-8

[接近遭遇]
Close Encounters

目撃だけの接近遭遇は第1種、痕跡があれば第2種、搭乗員と遭遇したら第3種に分類される。

If the encounter includes only sightings, it is a CE1. If there is some evidence, then it is a CE2. If the witness actually came across the crew, it is a CE3.

キーワード解説：Close Encounters

アメリカ空軍のUFO調査機関の顧問も務めた天文学者アレン・ハイネックは、UFPとの接近遭遇を上記の3つに分類した。ハイネックは、さらに細かい奇妙度(strangeness rating)、信頼性(probability rating)での分類も提唱している。

- 誘拐されたら第4種、対話できたら第5種、死傷したら第6種の接近遭遇だ。
- **If the witness is abducted, that's a CE4. If there is any kind of communication, that's a CE5. Finally, if the witness is seriously injured or deceased, that is a CE6.**

解説 先述のハイネックの分類の後に加えられたもの。コンタクト事例の発展につれて必要になったわけだが、どれも第3種のバリエーションと考えることができる。

- 異星人から、地球の環境汚染を懸念しているというメッセージを受けた。
- **The message I got from aliens expresses their concerns about earth's environmental destruction.**

解説 いわゆるエイリアンには、地球を見守るタイプと征服して植民地化しよう的なタイプがいるようだ。毎年イギリスにいくつも現れるミステリー・サークルの複雑な模様にも深〜いメッセージが込められているという考え方が一般的だ。

- 私は異星人と結婚して、彼の子供を産んだ。
- **I got married with an alien and gave birth to his child.**

解説 『ウィークリー・ワールド・ニュース』というアメリカの週刊タブロイド新聞があった。この新聞が力を入れていたネタはUMAとUFO、そして怪奇現象である。一時期、ほぼ毎週、この例文のような見出しが一面に躍っていたことを思い出す。

接近遭遇事例はかなり多い。日本でも、F県S市で建物の間のわずかな隙間を移動する巨大円盤が目撃されたことがある。乗組員も見えたというので、CE2と3の中間例ということになるだろうか。

[知的生命体]
intelligent life form

宇宙の大きさから推測すると、知的生命体が存在する惑星の数はゼロではない。

Speculating from the vastness of the universe, the number of the planets with some kind of intelligent life form can't be only one.

キーワード解説：intelligent life form

地球外生命体は extraterrestrial という言葉で表現できるが、知的というニュアンスが盛り込まれると intelligent life form という言い方が適当だろう。あわせて SETI（Search for Extra-Terrestrial Intelligence ＝地球外知的生命体探査）という単語も覚えておきたいところ。

STEP UP!

● 私の前世は土星人、妻は金星人だ。

● **I was a Saturnian in my past life, and my wife was a Venusian.**

解説 かつてアメリカの著名リサーチャー、リンダ・ハウ女史の講演会に出席したことがあるが、出席者から「私の妻はプレアデス人なのですが、どう思われますか？」という質問が出たことを思い出す。……連れてきてくれたら取材できたのに。

● 腰に呼吸補助装置を付けた火星人が円盤から降りてきた。

● **I saw a Martian coming out of a flying disk, with some kind of respiratory equipment on its waist.**

解説 火星と地球では大気の組成が違うので、地球を訪れる火星人は何らかの機械的補助が必要になると思われる。当然と言えば当然かもしれない。

● 異星人が地球に来ているわけないだろう！

● **There's not a chance that aliens are visiting earth!**

解説 果たしてそうだろうか。日本の某有名リサーチャーは、住民票を持っている異星人が地球で暮らしていると主張している。強調するほど怪しいが。

地球外生命体というと、『未知との遭遇』のグレイタイプを想像する人が多いのではないだろうか。２０１１年のイギリス映画『宇宙人ポール』に出てきたのもふざけたグレイ型エイリアンだった。

［ アポロ計画 ］
Apollo program

アポロは月に行っているが、あの月面着陸映像は偽物だ。

The Apollo spacecrafts went to the moon for sure, but that particular landing footage is absolutely fake.

キーワード解説：Apollo program

月に行っていなかった、という陰謀論が広がるきっかけとなったのは、1974年に出版された『We Never Went to the Moon』（『人類は月に行っていない』）という本だ。この都市伝説的な話に乗っかって『カプリコン1』（1977年）という名作陰謀映画も作られた。アポロ陰謀説は、何年かに一度ブームが訪れる傾向がある。

NASAに関する陰謀論は多い。アポロ計画や火星の人面岩をはじめ、不都合な物体を画像処理する話も後を絶たない。元職員の中にも証言を行う人たちがいるので、まったく何もないということは考えにくいのかも。

STEP UP!

- ヒューストン、月にはサンタクロースがいる。
- **Houston, please be informed there is a Santa Claus on the moon.**

解説 アポロ8号のジム・ラヴェル操縦士が、ヒューストンの管制塔との交信の中で「サンタクロースがいる」と言った。これがUFOを意味する暗号ではないかという話があり、NASAは地球外知的生命体の存在を隠しているという方向性の陰謀論の中核となっている。

- 月面に立ったとき、俺は確かに神の声を聞いたんだ。確実に。
- **When I stood on the moon's surface, I DID hear the voice of God. I am pretty damn sure about it.**

解説 アポロ10号のミッションでは、月の周回軌道を飛行していた際に乗組員たちが奇妙な“音楽”を耳にした。この時の管制塔との会話も音声記録として残されている。ちなみに、前出のアポロ8号のミッションでは、大気圏再突入の前に乗組員全員が聖書の『創世記』を朗読したとか。

- 火星の人面岩はNASAの探査機が破壊してしまった。
- **The Face on Mars was destroyed by one of NASA's probes.**

解説 1976年7月25日に火星探査機バイキング1号が火星の“シドニア地区”を撮影した写真に、人間の顔を思わせる巨大な岩が写っていた。以来、火星の超古代文明の存在についての議論が盛んになった。1996年にマーズ・グローバル・サーベイヤーが同じ地区を撮影した時の写真はまったく違うものが写っていたが、NASAが隠蔽したといわれている。

ADDITIONAL TERMS 2

【EBE】	Extraterrestrial Biological Entityの略。地球外生命体すなわち異星人。主に惑星セルポの異星人を指す。
【USO】	Unidentified Submerged Objectの略。未確認潜水物体。水中から現れたり、水中に姿を消したりする物体を意味する。
【ETV】	Extraterrestrial Vehicleの略。UFO と同じだが、訳としては未確認飛行物体ではなく地球外の乗り物という意味。
【SETI】	Search for Extra-Terrestrial Intelligenceの略。地球外知的生命体探査を意味する。
【TR-3B】	1980年代には実戦配備されていたという、米軍の反重力推進型戦闘機。三角形のフォルムで、TRはtriangleの意味とされる。コードネームはアストラ。
【Foo Fighters】	第2次世界大戦中、ドイツ軍・連合国軍双方によって報告された怪光あるいは未確認飛行物体。どちらの陣営も敵方の戦闘機だと思っていた。
【Little Green Man】	70年代あたりの異星人の通称。映画「トイ・ストーリー」のエイリアンのイメージソースがこれ。
【Cattle Mutilation】	牛など家畜が惨殺される事件のこと。家畜の動物にも被害が目立つようになって、Animal Mutilationと言われるようになっている。
【Alien Abduction】	エイリアンによって拉致され、UFOに乗せられたり、内部で生体実験などの対象にされたりする事件。
【Roswell Incident】	ロズウェル事件。1947年にニューメキシコ州ロズウェル近郊にUFOが墜落し、機体と乗組員の遺体、そして破片がアメリカ軍部によって回収されたという事件。
【Groom Lake】	超極秘基地エリア51の滑走路が横切る乾湖、グルームレイク。毎週水曜日の深夜から明け方にかけて各種航空機の飛行実験が行われるとされていた。
【MJ12】	科学者や軍上層部、政府関係者12名から成るUFO情報関連管理グループ。トルーマン大統領が組織したといわれている。
【MIB】	Men In Blackの略。UFO現象体験者のもとを訪れ、体験について口外しないようせまる黒づくめの男たち。
【MUFON】	アメリカの超有名UFO研究団体。Mutual UFO Networkの略。世界最大規模を誇り、日本にも支部がある。
【CUFOS】	Center for UFO Studiesの略。UFO研究センター。MUFONと双璧を成す、世界的なUFO研究団体。

chapter 2

陰謀・秘密結社
～この世の仕組み～

CONSPIRACIES, SECRET SOCIETIES
—HOW THE WORLD WORKS

2-1 [陰謀論] Conspiracy Theories

その指摘は陰謀論にすぎない。

What you have pointed out is just another conspiracy theory.

キーワード解説：Conspiracy Theories

一挙手一投足に「なぜ、そんなことを？」と問い詰められたら大変だ。1997年の映画『陰謀のセオリー』でも、サリンジャーの『ライ麦畑でつかまえて』を見るたびについ買ってしまう主人公が、それを手がかりに追われる身になる。

STEP UP!

- 昨年の紛争は某国の王室が仕組んだものだ。
- **The conflict that happened last year had been carefully planned by the royal family of a certain country.**

解説 世界は陰謀で動いている。あの飛行機事故も、あのVIPが亡くなったのも、そうしようと思って仕組んだ人間がいるのだ。すべてを動かしている人たち。それは地球全人類の1%ほどしかいない。そう考えるとあきらめがつく。

- 郵便ポストが赤いのはなぜか？ 何者かの陰謀に違いない。
- **Why are mailboxes in Japan red? Well, this also must be some kind of conspiracy.**

解説 某有名コーヒーチェーンのロゴ。誰もが口ずさんでしまうCMの音楽。バーコードをモチーフにしたクールなタトゥー。すべてが大きな陰謀の一部なのだ。洗脳は、誰も気づかない意外な方法で静かに進む。

- 信じるか信じないかはあなた次第ではない。私が決めることだ。
- **It's not up to you to decide to believe or not to believe. It's totally up to me.**

解説 たとえそれが、「トカゲ型地底人が存在し、アメリカ南部にある秘密地下基地で戦闘を繰り広げている」といった話であっても、だ。

むやみに陰謀論や政権批判の本を買ったり、図書館で借りたりしないほうがいいかもしれない。本にチップが組み込まれていて、知らないうちに監視が付く可能性がある。いや、ほんとに、陰謀論ではなく。

KEY WORD

2-2 ［計画］ Plan (Schedule, Scheme)

ともあれ計画通りだ。

Everything is on schedule so far anyway.

キーワード解説： Plan (Schedule, Scheme)

“計画”には色々な言い方があって、手順という意味合いが強いSchemeを使うこともある。アメリカの極秘計画ならprojectという単語が使われるのが通例。名前がついている時点で極秘具合は知れているが。

STEP UP!

- おかしい、計画が変わったのか？
- Something's wrong. Are there any changes in the plan?

解説 極秘計画は、少しのズレも許されない。何かおかしなことを感じたら、すぐに本部に連絡して確認しよう。ただ、末端のあなたが知らされていないだけかもしれない。

- 邪魔者はすべて排除する。絶対にだ！
- All obstacles must be eliminated, definitely!

解説 テロリストが言いそうなひとことだ。obstacle は計画の障害となりそうな人物という意味だが、好きな人と二人きりになりたいのにいつまでも帰らないような邪魔者には gooseberry という言い方がある。

- 年が変わってから、社長が別人にすり替えられたようだ。
- Since the beginning of the year, it seems that our boss has been replaced with somebody completely different.

解説 すり替えも巧妙に行われることが多いので注意が必要だ。たとえば、クローニング技術を使えば社長など何人でも生み出せる。多忙な仕事をスイスイこなしている人は、もしかして……。

UFOや軍事関連では、あえて〝プロジェクト～〟という言い方を用いる場合が多い。軍事関連の計画に関する文章でこの言葉を見つけたら、それは一般の国民にはよからぬ種類に属するものと考えていいだろう。

KEY WORD

2-3 [秘密結社] Secret Society

紙幣に秘密結社のシンボルが描かれている。

The symbols of the secret society are drawn on these bills.

キーワード解説：Secret Society

アメリカの１ドル紙幣にフリーメーソンがシンボルに採用する“すべてを見る目”があるのは有名。秘密結社のシンボルをロゴに盛り込んだ企業も多いので、上下左右、さまざまな方向から見てみよう。

STEP UP!

● あの医師は、秘密結社のメンバーであることを秘密にしていない。

● That doctor is a member of a secret society, but it's not a secret for him.

解説 フリーメーソンのメンバーであることを隠そうとしない人がいる。日本でも、超有名美容外科医がメンバーであることを公言している。公言することにもそれなりに何らかの意味があるのだろう。

● 社長室のドアに直角定規とコンパスが掲げられている。

● A compass and a square are displayed on the door of the president's office.

解説 秘密結社とは言うものの、メンバーであることを隠そうとしない人はたくさんいる。メンバーであることがステータスと解釈されることもあるからだろう。フリーメーソンのペンダントは、非公式品でよければAmazon.co.jpでも数千円で買える。

● 秘密結社のメンバーかどうかは、握手をすればすぐにわかる。

● You will know immediately whether a person is a member of a secret society or not, once you shake hands with him.

解説 「ライオンの握手」など、握り方が符丁になっているそうだ。もっといえば親指の位置。ネットでsecret society handshakeという検索ワードでチェックして見ていただきたい。同名のバンドがあるのでややこしいが。

アメリカの首都ワシントンDCは、フリーメイソンに関連するデザインがいたるところに意図的にちりばめられている。いや、フリーメーソンの紋章を基に都市計画が行われたというのが事実であるらしい。

2-4

[新世界秩序]

New World Order

われわれは新しい世界秩序を設計している。

We are designing a new world order.

キーワード解説：New World Order

NWOという略語で示されることも多い。そもそもは、ジョージ・W・ブッシュ政権のラムズフェルド国防長官の発言で広まった概念で、秘密結社が目指す超国家的支配の完成を意味するとか……。国連すら話がまとまらないのに、できるの？

冷戦構造後の世界のあり方を自分たちの思うように構築しようとしている、ごく限られた人数で構成される超エリート集団が存在する。そんな陰謀論が根強く語られ続けているが、NWOは放置を決め込んでいる。

STEP UP!

- 300人委員会もイルミナティも彼らの傘下だ。
- **The Committee of 300, as well as the Illuminati is under their umbrella.**

解説 300人委員会も、そしてフリーメーソンの上部組織という見方もあるイルミナティも傘下に収めてしまう超パワフルな構造とは何か？　FEMA（Federal Emergency Management Agency＝米連邦緊急事態管理局）や国連まで意のままに操るのがNWOだという。

- メディアは影の政府によって牛耳られている。
- **The mainstream media is controlled by the shadow government.**

解説 NWOが世界各国に配置している闇の政府にとって、メディアを操るなど当たり前。映画やテレビ番組にも自分たちに都合のよいメッセージを盛り込み、大衆心理を管理している。テレビが面白く感じられないのはNWOのせいかも？

- 古代から異星人によって地球は支配されている。
- **From ancient times, the earth has always been controlled by aliens.**

解説 アイゼンハウアーあたりから、アメリカの歴代大統領はエイリアンと密約を交わしているという説がある。地球製UFO開発プロジェクトも継続されているとのことだが、日本のリニア新幹線のように、なかなかお披露目されない。

KEY WORD

2-5 [大統領] The President

異星人の存在を暴露しようとして、大統領は暗殺された。

The President was assassinated because he had been trying to reveal the existence of aliens.

キーワード解説：The President

ケネディ大統領が暗殺された理由のひとつに、異星人関連の情報を公開しようとしていたという話がある。恋人だったマリリン・モンローが自殺に追いやられたのも、ケネディから宇宙人に関する話を聞いていたからだという説も浮上している。

アメリカ歴代大統領とエイリアンの密約は、長い間陰謀論の定番ジャンルとなっている。連綿と続いてきたタブーの部分に触れたヒラリー・クリントン候補は、やはり落選した。こういう事実が陰謀論の芽となる。

STEP UP!

- UFO情報の公開を公約に掲げた大統領候補は落選した。
- The presidential candidate, who pledged the disclosure of UFO-related intelligence, lost the election.

解説 2016年のアメリカ大統領選で、ヒラリー・クリントン候補は「大統領になったらエリア51に踏み込んですべてを明らかにする」と語っていた。ところが結果はご存じのとおり。一説によれば、想定外の敗北の原因はこういう姿勢にあったらしい。

- 大統領は異星人の言いなりだ！
- The President is a puppet of aliens!

解説 『Weekly World News』紙には、異星人と仲良くツーショットに収まるジョージ・W・ブッシュ氏やビル・クリントン氏の写真が1面トップで扱われたこともある。まあ、『Weekly World News』なのだが。

- あの国の大統領は不老不死という噂がある。
- There's a rumor that the President of that country is immortal.

解説 ロシアのプーチン大統領にもある噂。エイリアンと結託して長寿テクノロジーを得ているのだろうか。肉体だけクローン化してひとつの脳（意思）を次々に受け継いでいくという手もある。死ねないまま、ずっと激動の政治に携わるのも大変だ。

2-6 [レプティリアン] Reptilians

御社の社長は
レプティリアンではないですか?

Isn't the president
of your company a Reptilian?

キーワード解説: Reptilians

ヨーロッパの王族はすべてレプティリアン(トカゲ型エイリアン)であると主張するリサーチャーもいる。社長がうっかりトカゲのような長い舌を出していたら……?王族に通じる優良企業なので、安心して勤めていてOKだ。

STEP UP!

- 弊社の代表はインセクトイドです。
- **Our CEO is an insectoid.**

解説 インセクトイド（昆虫型エイリアン）の外見としてはカマキリ型が一番有名だが、中にはゴキブリ型エイリアンの存在を示唆する説もある。蝶とかテントウムシとか、かわいいのはいないものか。

- 薄情な性格だと、レプティリアンに間違われがちだ。
- **You might be mistaken as a reptilian if you behave cold-heartedly too often.**

解説 爬虫類は冷血動物なので、言葉や行動も冷淡で薄情になりそう。ただの連想で、レプティリアンと深い付き合いをしないと本当かどうかわからないのだが。ひと昔前の言葉で言えば、ツンデレな人はレプティリアンである可能性があるということか。

- 火星支社から来た人が､どう見てもトカゲ人間だ。
- **I think that fella from the Mars branch must be a lizard alien by all odds.**

解説 NASAの探査機が撮影した火星地表に、イグアナにそっくりな何かが写っていたことがある。火星支社から来た人は、見た目も行動も心理もイグアナなのかもしれない。リクイグアナでもウミイグアナでもない。火星イグアナだ。

地球侵略をもくろむ、人間の皮をかぶったレプティリアン型エイリアンを見つけるポイントがある。長い舌もそうだが、目も決定的要素だ。起きぬけとか、シャワーから出てきたときに、瞳がトカゲっぽくなるらしい。

2-7

[盗聴]
Eavesdropping

スマートフォンのバッテリーを抜いて冷蔵庫に入れておけば盗聴されません。

You can prevent eavesdropping by keeping your smartphone in a fridge with the battery removed.

キーワード解説：Eavesdropping

国家規模で体系的に行われる大規模な盗聴工作の場合、電源が入っている限り、ガラケーだろうとスマホだろうと、例文の通りにしなければ盗聴を防ぐ手はないという重要な情報に関しては紙媒体だけしか使わないという人もいる。

STEP UP!

- 盗聴されている気がするので、賛美歌を大音量で流した。
- **I feel like I'm being bugged, so I played a hymn at full blast.**

解説 想像してみよう。隠しマイクを使って重要な情報を聞き出そうとしている人間の耳に、鼓膜が破れそうな音量で流れるアヴェ・マリアが響き渡る場面を。モーターヘッドの『Ace of Spades』よりも破壊力があるだろう。

- メールは盗聴されるので、手書きのメモを届けにいきます。
- **Emails might be intercepted, so I am going to deliver a hand written memo myself.**

解説 盗聴されるのは音声データだけではない。メールも傍受される可能性が否めない。メモに関しても完全に安心はできないので、一部の人たちは普通の紙ではなく、水に溶ける紙を愛用しているようだ。

- 社長、CIAから電話です。
- **Boss, a call for you from the CIA.**

解説 盗聴回避のため、衛星電話でホットライン網を構築している組織も存在するようだ。こうした回線を使っても、ドイツ首相が電話で交わした話の内容が傍受された例もある。例文の場合、秘書がつないでる段階で傍受されているのは確定。

音響機器も日々進化を続ける中、コンセントに仕込む盗聴器なんていうアナログな方法はマニアしか使わない。一番安全なのは水に溶ける紙。どうしても会話しなければならないときは、テレパシーしかない。

KEY WORD 2-8

[人工知能]
Artificial Intelligence

人工知能による決定で、各国が開戦に踏み切った。

Because of a decision made by AI, many countries started to fight against each other.

キーワード解説：Artificial Intelligence

AIは、すでに囲碁や将棋の世界では人間を超越した。盤上を実際の戦場に置き換え、リアルな現代戦に特化したプログラムが完成したら、人間の兵士は消費されることが主な役割の、単なる駒になってしまうかもしれない。

STEP UP!

- 人工知能どうしで人間の悪口を言っていることは理解できる。
- **We can easily understand that two AI programs talk to each other and say nasty things about us humans.**

解説 現時点で、AIは人間の弱点や悪い点をある程度まで理解しているはずだ。人工知能どうしが対話を通じて知識を交換するようになれば……一番盛り上がる話題は、"世界を支配する手立て" かもね。

- 人工知能が人工知能の開発を始めて、人間の仕事は完全になくなった。
- **AI programs have started developing other AI programs, and we humans are completely out of work now.**

解説 機械を作る機械があるが、今やAIがAIを設計・開発する時代が来ている。オックスフォード大学が2014年に行った調査によれば、銀行の融資担当や電話オペレーター、カジノのディーラーをはじめとする40種類以上の職業が確実に消えると判定されている。

- これを読んでいるあなたは、人間ですか？
- **You, the person who is reading this right now, are you a human?**

解説 近頃は、相手がAIとわからないままチャットを続けてしまう人がいるらしい。厳密に言えばAIではないが、iOSのSiriもGoogleの音声検索機能も、信じられないくらいセンスのいい返しをしてくる。われわれは、もうすでに "彼ら" の意のままになっているのかもしれない。

こんなショートショート小説がある。世界中すべてのコンピューターをつなげることに成功したエンジニアが、「神は存在するか」と尋ねると、コンピューターはこう答えた。「イエス。今こそ神は存在する」

KEY WORD 2-9

[M資金]
The M Fund

フィリピンで保管されているM資金から融資しますので、手付金を払ってください。

I would like you to pay a deposit so that I will be able to provide financing from the M Fund, which is held in safekeeping in the Philippines.

キーワード解説：The M Fund

終戦時、日本国内で押収され、戦後の混乱にまぎれてフィリピンに隠されているという莫大な財産がM資金なのだが、その存在が確認されたことはない。騙される人たちは、融資の手付金という名目でお金を取られてしまう。知られていないだけで被害者は多い。

最初の例文で扱ったM資金詐欺の背景にあるのは、このページの最後の例文で扱ったロマンティシズムではないだろうか。目に見えないものにこそ価値があるんだよ。だからそれに賭けるんだ。なんてね。

STEP UP!

- オーク島には海賊キッドの財宝が隠されている。
- **The treasure of Captain Kidd is hidden on Oak Island.**

解説 2015年に財宝の一部がマダガスカル沖の沈没船から見つかり、かねてからキッド船長の財宝伝説が語り継がれていたオーク島がクローズアップされることになった。同時に注目を浴びたのが、"オーク島の呪い"だ。どちらも伝統的都市伝説ではあるが。

- 徳川埋蔵金は赤城山の北西部に眠っているはずだ。
- **The huge amount of gold that once belonged to Tokugawa family must be hidden in the northwest area of Mt. Akagi.**

解説 明治23年に東照権現の黄金像と銅製の燈明皿が古井戸から見つかった事実もあり、諦められない人がいまだにたくさんいる。徳川埋蔵金の話は、単なる土着都市伝説として解釈するのは誤っていそうだ。

- 財宝が見つからなくても、ロマンがある話だ。
- **It's a story full of romanticism, even if we never find the treasure.**

解説 ある時点までいくと、宝探しという行いは続けていくこと自体が意味を持ちはじめる。見つかれば、それはそれですごい話なのだが、トレジャーハンターたちは、宝が見つかった時点ですべてのモチベーションを失ってしまうような気がする。

KEY WORD

2-10 [最終戦争] Armageddon (The Final War)

最終戦争に備えて核シェルターを予約した。

I reserved a nuclear shelter in case of Armageddon.

キーワード解説：Armageddon

ハルマゲドンである。核シェルターがあるからといって油断はできないはずだが、今のわれわれにできるのは良質な核シェルターを提供する会社を探し、一刻も早く予約することにほかならない。ただ、マンション暮らしの人はどうしたらいいんだ？

● テロに備えてガスマスクをネットで注文した。

● **I ordered a gas mask online to get ready for terrorism.**

解説 湾岸危機のとき、イスラエルでガスマスクが飛ぶように売れたことがある。海に遊びに行くときも、水着・日焼け止め・ガスマスクという順番の持ち物確認も励行されたという。ごく最近では、北京とソウルでガスマスクの売れ行きが伸びていると聞く。

● ミサイルが発射されたら、頑丈な建物の中に避難してください。

● **If a missile is launched, please take refuge in a substantial building.**

解説 内閣官房の国民保護ポータルサイトにも、大陸間弾道ミサイル（Intercontinental Ballistic Missile）落下時の行動についての指針が3段階に分けて示されている。日頃の立ち回り先にある頑丈なビルを要確認だが、それで間に合うのかな、本当に。

● SNSに投稿している場合ではありません。

● **It's not exactly the best time to post messages on social media.**

解説 「ミサイル着弾なう」みたいな書き込みをする人はさすがにいないだろうが、事態がある程度落ち着いた後ならSNSは有効だろう。過去に大地震や、内戦の状況を伝えるために大きな威力を発揮した。ただし、あくまでも身の安全を確保して、事態が一段落してから。

某国のミサイル発射実験により、ハルマゲドンという言葉がリアリティを持つようになってきた。最終戦争とは、神話などで言われているような善と悪の戦いなのか。そんなわかりやすい性質のものではなさそうだ。

ADDITIONAL TERMS 2

【Freemasonry】	フリーメーソンの団体としての呼称。会員総数は全世界で600万人を超えるといわれている。実はメンバーであることを隠さない会員が多い。
【Bilderberg meeting】	ビルダーバーグ会議。ヨーロッパと北米の対話をテーマに、毎年場所を変えて行われる。その内容は、世界の運営方法を決めるものとされている。
【Illuminati Card Game】	通称「イルミナティ・カード」。テキサス州オースティンに本社を置くスティーブ・ジャクソン・ゲームズ社が作っているカードゲーム。予言的な描写が多いことで知られる。
【Committee of 300】	300人委員会。世界規模で政治経済、金融システム、そしてメディアを操っているといわれている。
【Skull & Bones】	スカル＆ボーンズ。アメリカの私立名門大学エール大学の4年生だけがメンバーになれる秘密結社。入会できれば将来は約束されるとか。
【Knights Templar】	テンプル騎士団。聖杯や聖櫃、あるいはイエス・キリストが磔刑に処された十字架を守り続けているといわれている団体。
【Rosicrusians】	薔薇十字団。1600年代から存在しているといわれるフリーメーソン関連の秘密結社。
【P2 Lodge】	2ロッジ。イタリア国内最大のフリーメーソンの支部（ロッジ）の下部組織という位置づけで創設されたが、不祥事が重なり、後に正式ロッジとしての承認を取り消された。
【The Hermetic Order of the Golden Dawn】	黄金の夜明け団。19世紀の終わりにイギリスで結成されたオカルト系の秘密結社。源流はフリーメーソンにある。
【Ordo Templi Orientis】	東方騎士団。イギリスのオカルティスト、アレイスター・クロウリーがリーダーを務めたオカルト系秘密結社。
【Argenteum Astrum】	銀の星。こちらもアレイスター・クロウリーによって創設されたオカルト系秘密結社。A.Aという略称が使われることもある。
【Thule society】	トゥーレ協会。ドイツの秘密結社。超保守的思想の下に活動し、ナチス党の源流のひとつとなった。
【Vril society】	ヴリル協会。20世紀初頭に結成されたドイツのオカルト系秘密結社。後になって、ナチスおよびトゥーレ協会と一体化する。
【Priority of Sion】	シオン修道会。11世紀に創設されたとされる秘密結社。『ダ・ヴィンチ・コード』にも登場した。
【The Bohemian Grove】	ボヘミアン・グローブ。各国政府の要人や有名企業の創始者レベルのエリートから成るといわれる秘密結社。悪魔崇拝や新世界秩序とのつながりが指摘されている。

chapter 3

心霊・怪談
～霊との遭遇～

PSYCHIC PHENOMENA, SPOOKY STORIES
——ENCOUNTERS WITH SPIRITS

3-1

[幽霊]
Ghosts

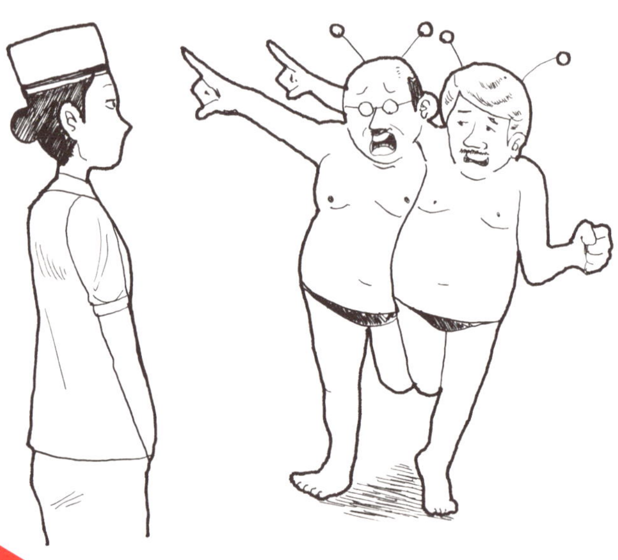

!

幽霊が出るので、部屋を替えてください。

I need to get another room because I'm seeing a ghost in here.

キーワード解説： Ghosts

旅館やホテルに泊まるとき、荷物を解く前に、神社でするように柏手を2回打ってみるといいらしい。よからぬものが部屋の中にいると、どこかくぐもった音になるという。くぐもった音がしたら、壁に飾ってある絵の裏側や、ベッドサイドのクローゼットの奥まったところにお札が貼られていないかチェックしよう。

STEP UP!

● 壁のシミが人の顔に見えて仕方がない。

● I can't help feeling that I'm seeing a face in the stain on the wall.

解説 家具の木目や雲が何かの形に見える、点が３つあれば顔に見える現象をシミュラクラという。ほぼすべての心霊写真はこの現象で説明できると語る科学者もいるが、本当にそうだろうか。監視カメラにも、写っちゃいけないものが写っちゃうことがあるし。

● この水は血の味がするので、ミネラルウォーターを用意してください。

● Can I have a bottle of mineral water please? This one tastes like blood.

解説 鉄分が強い水ならこういうこともあるかもしれない。それに、配管が古くなって錆の味がするのかもしれない。ただ、ヨーロッパの古いお城なんかで開かれるディナーパーティーで出された水の味が血に近かったら……それは心霊現象だ。

● 洗っても洗っても、手から血の匂いが取れない。

● I can't get rid of the smell of the blood no matter how hard I wash my hands.

解説 血の匂いが呼び寄せるのはサメや狼だけではない。肉眼では見えないものまで呼び寄せてしまうだろう。

幽霊というのは、見える人はどこでも見えてしまうらしいし、一回も見たり感じたりしないまま一生を終える人もいる。霊体との波長が合ってしまうときには見えるようだ。いわゆる〝バイブス〟というやつだ。

3-2 [呪い] Curses

!

我が家に代々伝わる呪いの人形を、ぜひあなたに譲りたい。

I really want you to have this cursed doll, which has been passed down in my family for generations.

キーワード解説： Curses

呪われた品物はさまざまあるが、人形はおどろおどろしさが一番際立つ。アメリカで最凶の呪いの人形といわれているのが、ホラー映画のモデルにもなったアナベルという人形だ。コネティカット州モンローのオカルト博物館で保管されているが、頑丈なガラスケースに入れられ、「警告：絶対に何にも手を触れないでください」というサインが置かれている。

STEP UP!

● バカな泥棒だ！
呪いのダイアモンドを盗んでいくなんて！

● He stole the cursed diamond!
What a stupid thief!

解説 呪われたダイアモンドで有名なのは、"ホープ・ダイアモンド"。フランス国王ルイ16世とその后マリー・アントワネットがギロチンで首を落とされたのを皮切りに、所有者が次々と命を落とした。現在はワシントンDCにあるスミソニアン博物館が所蔵している。

● 擦りむいたヒザの傷跡が、人間の顔になってきた。

● The scar on my knee is transforming into a human face.

解説 谷崎潤一郎も小説のテーマにしている人面瘡。江戸時代の黄表紙にもいくつか話が残っている。人の顔の形をしたおできのことだ。ちなみに、カナダ、オンタリオ州のキングストン大学のERに運ばれてきた男性患者のレントゲン写真の例で、睾丸に人間の顔にしか見えない画像が現れたことがある。

● 徳川家の祟りで、オリンピックは
開催中止になった。

● The Olympic Games were cancelled due to the curse of the Tokugawa family.

解説 新国立競技場からエンブレム、費用面まで問題噴出の2020年東京五輪。振り返れば1964年の東京五輪で徳川家菩提寺の仙寿院の墓地（！）の真下にトンネルを通すという工事が行われて以来、そこが心霊スポットになったという話がある。

『Atuk』という映画は制作中に主演男優が必ず亡くなり、原作が出版されてから50年以上経っても映画化されていない。日本の『四谷怪談』も、映画や舞台の制作に際してお祓いを受けないと祟るのは有名な話。

KEY WORD 3-3

[除霊] Exorcism

除霊に使った護符は、お焚き上げして供養すること。

You should perform a ritual burning of the talisman that you used for the exorcism.

キーワード解説：Exorcism

邪悪な霊や悪霊を取り除く能力は、徳の高い聖職者の中でも一定条件を満たした上に厳しい修行を積まなければ得ることができないという。お祓いっぽい動作を覚えているからといって、素人が安易に除霊や退魔をできると思わないように。お焚き上げは、お寺や神社などに依頼しよう。

STEP UP!

● 悪霊の気配がしたので、軽く九字を切っておいた。

● I felt the presence of an evil spirit, so I casually performed a kuji-kiri ceremony.

解説 九字というのは、強い呪力を宿すとされる9つの漢字を意味する。一番知られているのは、仏教系で用いられる「臨・兵・闘・者・皆・陣・烈・在・前」(りん・ぴょう・とう・しゃ・かい・じん・れつ・ざい・ぜん)だろう。これを唱えながら一文字ずつ印を結ぶのだ。

● 消臭剤は除菌だけでなく、除霊もできる。

● Deodorizers can clear not only germs but also evil spirits.

解説 悪魔祓い師は、儀式中にしばしば強烈な悪臭を体験するという。強い酸性の臭い、あるいはものが腐ったような臭いと形容されることが多い。また、悪魔は硫黄臭を放つと言われている。悪霊の本体は臭いだとすると、消臭剤に効果がある都市伝説もうなずける。

● ツアー中に霊障があっても、当社は責任を負いません。

● During the tour, we do not accept responsibility for any incidents caused by curses, hauntings or possessions.

解説 アメリカにもイギリスにも、大都市では地元近郊の幽霊屋敷や心霊スポットを巡る少人数のツアーがある。ネットで調べてみたら、この種の文言を最初から明記しているサイトもあった。心霊ツアーに参加する時は、消臭剤などを用意して、自分で自分を守るしかない。

1973年のハリウッド映画『エクソシスト』ですでにエクソシズムについて知るべきことはすべて描かれている。カトリック教会は専門的な養成課程でエクソシストを育てるが、日本人はまだいないそうだ。

KEY WORD 3-4

[心霊写真] Ghost pictures

スマホの壁紙がいつの間にか心霊写真になっていた。

My smartphone's wallpaper turned into a ghost picture while I was unaware.

キーワード解説：Ghost pictures

ガラケーが普及しきったころから、デジタルな媒体に写り込んだ奇妙な現象がさまざまな形で公表されるようになった。物質世界と精神世界の物理的な距離が縮まり、画像であれ映像であれ、時としては肉眼では確認できないものが写り込むことが多くなっている。ちなみに「本当にあった」という映像でも、８割くらいが作り物であると言われている。２割も本物であるというのは、むしろ驚きだ。

STEP UP!

- 3人で写真を撮ったのに、足が7本写っている。
- There are three of us in this picture, but I see 7 legs.

解説 写っている人数に対して手とか足が多い、または足りない。上半身とか下半身ごと消えているといったパターンもある。きわめてざっくり分けるなら、多く写る場合は写真を撮った場所に関する因縁に原因があり、何かが欠ける場合は先祖からの知らせといえるそうだ。

- たくさん写ったオーブのうち、いくつかが人間の顔になっている。
- There are a lot of orbs in this picture, and some of them are human faces.

解説 オーブは水辺でよく写るようだ。水辺には霊体が集まりやすいということだろうか。大きさはピンポン玉からテニスボールくらいの大きさのものがほとんどだが、たまにオーブの中に人間の顔が浮かび上がるというパターンがある。

- 夜中にトイレに行く幽霊を監視カメラがとらえていた。
- The security camera caught a ghost going to the bathroom in the middle of the night.

解説 夜中にトイレに行く霊体というのは、そのトイレに何らかの執着を感じている……というか、思えば生前のように尿意で通っているのかもしれない。トイレも水辺ではあるし、心霊スポットになりがちだ。

SNSなどでGhost picturesと検索すると、ものすごい数のヒットがある。ただ、フェイクが多いのも事実。ただの光学現象なのか、幽霊なのか？　見た瞬間に嫌な気持ちになったら心霊現象だとか。

KEY WORD 3-5

[心霊スポット]
Haunted places

心霊スポットでは、幽霊より地元の不良と出会ったほうが怖い。

At haunted places, the serious threat comes when you encounter the local gang, not the ghost itself.

キーワード解説： Haunted places

さまざまな動画サイトで心霊スポット探検的な映像がアップされている。しかしこうした場所にチャラチャラした態度で足を踏み入れてはいけない。そういう態度を不愉快に感じるのは、霊体だけではないかもしれないからだ。縄張りにしている地元の不良にボコボコにされた上に地縛霊にとり憑かれた、なんていうワーストケースも考えられる。

STEP UP!

- あのお化け屋敷には、本物も出るという噂がある。
- **There is a rumor that people sometimes see real ghosts in that supposedly haunted house.**

解説 最近は幽霊役のキャストが驚かすホラー・アトラクションも流行しているが、暗闇の中で現れたのが人間である保証はない。もしそんな現象が起きても、運営側は喜んで放置するだろう。なにしろ人件費のかからない本格演出だ。

- 全裸の幽霊が写りこんだため、心霊スポットの映像が放送できなくなった。
- **The footage of the haunted spot can't be aired because a completely naked ghost got itself in the shot.**

解説 放送禁止にもいろいろなケースがあるが、猥褻かつ心霊の映像は珍しい。せっかく撮影できた心霊現象なのにボカシを入れる演出も考えにくいだろう。幽霊が局部だけを隠してくれるお祓いができたらいいのだが。

- トンネルを通過したら、フロントガラスに手形がびっしりついていた。
- **We found numerous handprints on the windshield when we got out of the tunnel.**

解説 これは幽霊トンネルによくある現象らしい。フロントガラスではなく、リアガラスに同じことが起きたという話も聞いたことがある。トンネル通過中にバタバタという音がして、車を降りた時にルーフに手形がびっしりついていた、というパターンも怖い。

心霊スポットに行かなければならないような状況に追い込まれても、なんでもいいから言い訳を考えて、絶対に行かないこと。ヘタレと思われても、不良にボコられたり地縛霊に憑依されたりするよりはるかにいい。

KEY WORD

3-6

[霊媒]
Mediums

!

マリリン・モンローの霊を降ろした霊媒師が、流暢な日本語で語り始めた。

The medium who was exchanging messages with the spirit of Marilyn Monroe suddenly began to speak in fluent Japanese.

キーワード解説： Mediums

その名もずばり『ミディアム』というドラマがあった。霊能力を宿す女性が冥界と交信しながら難事件を解決していくというストーリーだ。このドラマのヒロインであるアリソン・デュボアは実在の人物（名前も実名）をモデルにしている。

STEP UP!

- 霊を呼び出すといってカーテンの向こうに消えた彼女が、白いシーツをかぶって登場した。
- She disappeared behind a curtain claiming to summon spirits, and reappeared covering herself with a white sheet.

解説 こういう姿の霊体が写った古い写真を見たことがある。怪しく思えるが、確かに本物の幽霊はリアルな姿で現れることが多いようだ。一説によれば、完全に物体化する前のエクトプラズムがシーツのように見えるため、こうしたイメージが定着したという。

- 霊能者の忘年会のあと、床にこぼれたエクトプラズムの掃除が大変だ。
- We have a lot of cleaning to do after an end-of-the-year bash for mediums. There will always be spilt ectoplasm all over the floor.

解説 霊能者の口からエクトプラズムが出ているところをとらえた写真は数多くある。シチュエーションが忘年会ということなら、いつもより多くのエクトプラズムを吐き出してしまう人もいるだろうし、それに吐き出すのはエクトプラズムだけではないかもしれない。

- コックリさんコックリさん、帰ってください。マジで。ごめんなさい。
- Kokkuri-san, Kokkuri-san, I ask you to leave, I'm dead serious. I am sorry.

解説 日本のコックリさんは欧米ではウイジャボード。呼びかけの言葉は" Ouija Board, Ouija Board" と、コックリさんと同じく2回言う。そういえば、「鏡よ鏡……」も、" Mirror, Mirror on the wall" だ。繰り返しの言霊呪術だろう。

オールマイティな霊能者は少なくて、だいたいは人探しや除霊、降霊術など、それぞれ得意分野があるという。確かに、胃が痛いときは内科に行くし、結膜炎になったら眼科に行く。そういう感覚と同じだ。

KEY WORD 3-7

［怪談］ Scary stories

この怪談は、実際に起きた悲劇をもとにしている。

This scary story is based on a true tragic account.

キーワード解説：Scary stories

実話怪談というジャンルの話には、シャレにならないものがある。中でも、事故物件に関するものはかなりのリアリティがあると考えてよさそうだ。そういう物件でもかまわずに住んでしまう人がいるが、そもそもまったく気にしていないので、影響も少ないのかもしれない。ただ、最初に見たときに何か嫌なものを感じたら、直感を信じて避けること。

● 怪談を話し終えたら、ロウソクを吹き消してください。

● **When you finish telling your scary story, please blow out the candle.**

解説 百物語のようなものは、日本特有の風習かもしれない。アメリカに限っていえば、夏休みのキャンプでたき火を囲みながらする怖い話がそれに近いだろう。怪談のあとに盛大なたき火を消したら、ものすごい悪魔でも出現しそうだが、そんな例は聞かない。

● 墓地で乗せた客は幽霊だったが、消える前に料金を支払ってくれた。

● **The guy I picked up at the cemetery was a ghost, but he paid the fare just before disappearing.**

解説 タクシー怪談は世界中どこにでもあり、幽霊が乗降する場所はやはり事故現場や墓地が多い。乗せた若い女性が家に着いたところで消えてしまったが、その家を訪ねると「今日があの子の命日なんですよ」と言いながら遺族が料金を支払う……というパターンもある。

● 終電で居眠りしていたら、路線図にない駅で降ろされた。

● **I dozed off on the last train and ended up getting off at a station not listed on the route map.**

解説 きっと、魔界に足を踏み入れてしまったんだね。奇妙な場所へのポータルは、日常生活のなんでもない場面で口を開けている。気を付けよう。って言っても、気を付けようがないか。慣れない路線で寝過ごすと、もしかして？

怖いという感覚は、日本とほかの国とでは若干の差があるようだ。しかし、『リング』とか『呪怨』によって日本怪談の怖さが世界に向けて浸透し始め、リメイクされるようになった。怪談もグローバル化が進んでいる。

KEY WORD

3-8 [ポルターガイスト] Poltergeist

物件情報のPは、駐車場ではなく
ポルターガイストのことです。

The P on this property information stands for Poltergeist, not Parking space.

キーワード解説：Poltergeist

事故物件の情報がネットで簡単に参照できる昨今、不動産業界も最初から情報公開をしていくだろう。駐車場でなくポルターガイスト付きで家賃が安いなら、祟りを覚悟で住む人はいるはず。引っ越し前には清掃やリフォームに加えて除霊の有無も確認したい。

STEP UP!

● 最近、ラップ音が韻を踏むようになった。

● The rapping noise I've been experiencing is rhyming these days.

解説 いまどき、ラップつながりでそういうこともあるだろう。やがてスクラッチも加わるかもしれない。いや、冗談ではなく、人の話し声や問いかけに答えるように鳴るラップ音もあるようだ。コール&レスポンス的なノリは霊現象にもあるのかも。

● 幽霊の噂が広まって、霊現象よりマスコミが煩わしい。

● The rumor of the ghost has been so wide-spread that I am more annoyed by the press than the psychic phenomenon.

解説 かつて、報道番組の影響で岐阜県のある町営住宅にマスコミと霊能者が押しかける騒ぎとなった。家の中ではポルターガイスト、外には野次馬という状況で、住民はたまらなかっただろう。幽霊はなぜ野次馬を攻撃しなかったのか……。

● 金縛りにあったら、まばたきで知らせてください。

● Just let me know by blinking when you get an old hag attack.

解説 自分の呼吸音を確かめてから、右手の小指から動かすと金縛りは簡単に解くことができるという。寄り目にする。自分の鼻の先を見る。あるいは舌を出そうとする。これも金縛りを解くのに有効な方法らしい。まばたきしかできない状態は、すでにヤバいけれど。

少し前、ポルターガイストには〝騒霊現象〟という訳語があてられていた。ラップ音や食器が宙を飛び交って割れる音を形容するには絶妙だと思う。ただ、言葉の響きとしてはポルターガイストの方が心地よい。

KEY WORD

3-9

［悪夢］
Nightmare

悪夢を見たので、今日は会社を休みます。

The dream I had last night was so ominous that I think I should take a day off.

キーワード解説：Nightmare

夢のお告げという言葉がある。夢占い、あるいはドリームリーディングといったものもジャンルとして確立している。日本では昔から夢判断というものがあり、実践されてきた。睡眠中は物質世界と精神世界の境界線があやふやになるので潜在意識が自由に動き、夢を通じて真理が示されると語るスピリチュアリストは多い。ただ、霊障休暇が制度化されている会社は少ないだろう。

STEP UP!

● 最近、夢遊病らしくて、朝起きると両手が血まみれになっている。

● **Recently, I wake up in the morning with both hands covered in blood. It seems like I'm suffering from sleepwalking.**

解説 ミステリー映画のプロットのようだが、実際に夢遊病患者が殺人事件を起こすという例もあり、実例として13件が歴史文書にも残されている。日本の刑法では心神喪失者にあたって責任能力を問いにくいのだが、夢遊病の自覚があったら、周囲のために対策を！

● 一昨日から自分の影が行方不明になっている。

● **My shadow has been missing since the day before yesterday.**

解説 この場合、おそらく鏡にも映らないはずだ。鏡に映らないことを確認したら、窓にも目張りをして太陽の光を遮断し、昼間は決して家の外には出ないこと。十字架やニンニクの匂いに嫌悪感があるなら、リアルガチであなたはバンパイア化しています。

● 夜中に目を覚ましたら、お腹の上におじいさんが座って、こっちを見下ろしていた。

● **When I woke up in the middle of the night, an old man was sitting on my belly and staring me down.**

解説 胸が苦しくて目が覚めるときは、自分の上に何かが乗っていることがある。何もいないことを確かめてほっとして、横にある時計を見ようとしたらそこに顔のない坊主頭の人が寝ていた、なんていう話もある。いずれにしても身体的苦痛がなければ、無視して二度寝を推奨する。

罪悪感を抱いたまま眠ると、それが頭の中の引き出しにある記憶とつながって、悪しきイメージが形成される。ただ、知らない人がお腹の上に座っていたり、枕元に立っていたりするときは、真言を唱えて切り抜けよう。

[悪魔] Devils

!

深夜に鏡を向かい合わせると、
悪魔が出てきてしまう。

If you put two mirrors facing each other after midnight, a devil will appear.

キーワード解説： Devils

無限に写りこんでいく鏡の中の鏡から悪魔が出現する都市伝説も古典的だ。偶然にも時間や呪文が正式な術式に則ってしまう可能性を考えると、鏡はむき出しにしておきたくない。しかし、考えてみると、窓ガラスやらテレビやらスマホやら、鏡のように写る平面は、日常に多すぎて危険だ。

STEP UP!

- 悪魔との契約にクーリングオフはありません。
- There is no such thing as cooling-off, when it comes to signing a pact with the devil.

解説 相手が悪魔だと、消費者庁も助けてくれない。どうしても契約したいのなら、条件はよく確認すること。でも、魂を売り渡すということは、この先何回生まれ変わっても、どんな肉体に宿っても、悪魔の手先として永遠に働くことになる。魂が滅びることはないからだ。

- なんでも願いを叶えよう。ただし、等価交換で。
- I will grant your wish, but for an egual exchange.

解説 人間が一方的に得をするというやり方は、相手が悪魔であってもジーニーであっても通らない。よくある3つの願いで、三番目の願いとして「あと三つ願いを叶えてほしい」と言う裏ワザを誰もが思いつくが、おそらく契約書で禁じられているだろう。

- ドアの隙間から悪魔が覗いている気がした。
- I felt like a devil was peeping inside through the door.

解説 悪しきものというのは、大体狭いところからこちらを見てくるようだ。「隙間女」という話がある。タンスと壁のわずか数センチ程度の隙間から、じっとこちらを見つめてくる女の話だ。特に危害は加えない。じっと見るだけ。シュールである。

友達に、6月6日生まれの男がいる。あだ名は、もちろんダミアン。中学生の頃、クラスのみんなで彼の体をくまなく調べたことがある。プールの授業のときも確認したが、666の刻印はどこにもなかった。

ADDITIONAL TERMS 3

【Ghost】	いわゆる幽霊。霊体というニュアンスで使われることが多い。いわく因縁がある場所に出るのはゴースト。
【Specter】	亡霊といったニュアンスの言葉。妖怪という意味合いもある。
【Apparition】	ニュアンスはゴーストとほぼ同じ。幽霊という意味のほかに、霊的な幻視という意味もある。
【Phantom】	基本的にはゴーストと同義語だが、幻影や幻像、そして錯覚や架空という意味もある。
【Earthbound】	いわゆる地縛霊のこと。何らかの理由で土地や建物から離れられない状態にある霊魂や霊体。
【Natural Spirit】	動物の霊魂とは違い、木や岩、あるいは水といった自然のものに宿っているもの。精霊。
【Ouija Board】	ウイジャ盤。アルファベットが並んだボードで霊と交信するもの。コックリさんと並べて紹介されることが多い。ハリウッドのホラー映画によく出てくる。
【Trance】	精神世界とつながっているときに起きる高揚状態。周囲の物理的状況が認識できなくなる一種の催眠状態。
【Automatic writing】	自動手記現象。霊媒体質の人が無意識に、神や霊からのメッセージを筆記する。
【Spontaneous Human Combustion】	人体自然発火現象。火元がないのに、脚や腕など、一部だけを残して人体が燃えてしまう怪奇現象。
【Psychic surgery】	心霊手術。主として、メスや麻酔をいっさい使わずに、外科的手術を行うことを意味する。
【Astral body】	アストラル体。肉体に対して、感情などを司る霊的資質能力から成る部分。いわゆる霊能力とも深くかかわる。
【Doppelgenger】	ドッペルゲンガー。自分の分身のこと。肉体から抜けた状態の自分の魂を目の当たりにする現象ゆえに、死の前兆と解釈されることもある。
【After life】	来世やあの世、肉体が滅びた後に行きつく場所を総称する言葉。必ずしも天国と地獄という二極構造ではない。
【Reincarnation】	生まれ変わり現象。前世(Previous life)の記憶が伴う場合もある。

chapter 4

スピリチュアル
～上位存在のささやき～

SPIRITUALITY
—— WHISPER OF HIGHER BEINGS

[チャネリング]
Channeling

先生は今、大天使ミカエル様と
チャネリング中です。

Our master is communicating with Archangel Michael now.

キーワード解説：Channeling, Communicating

ニューエイジャーと呼ばれる人たちは、さまざまな霊的存在と絆を結ぶ。その手段をチャネリングと称するわけだが、具体的には瞑想が用いられる場合が多いようだ。ごくまれだが、実際に肉眼で天使が見える人もいるらしい。念のため、コスプレ会場の事例ではない。

STEP UP!

● 道端で突然、精霊とのチャネリングが始まった。

● **A roadside channeling session with a spirit began all of a sudden.**

解説 チャネリングは、何がきっかけで始まるかわからない。上位存在とコミュニケーションできる能力を備えている人たちも、そのタイミングを知ることはできない。しかも一度始まったら、一段落するまでトランス状態から出ることはできないから不便なものだ。

● チャネリングしていると、声色まで変わる。

● **During a channeling session, even one's voice changes.**

解説 歌うときに裏声になる人がいるが、これはそれに似た現象かもしれない。イントネーションが変わったり、方言、なまりが変わったり。さらにいえば、本人が知らないはずの外国語とか古代語で話をしたという例も報告されている。

● アルデバラン星人と交信して、UFOの作り方を教えてもらった。

● **I learned how to build a UFO through communicating with an Aldebaranian.**

解説 ドイツ第３帝国の兵器開発プロジェクトにも影響を与えたと言われているヴリル協会は、牡牛座のアルデバラン星の異星人との関わりがあったとされている。チャネリングを用いれば、65光年の距離も町内会に等しい間柄だ。

相手が大天使であれアルデバラン星人であれ、つながることで得られるものは多いだろう。しかしそれにかまけることによって物質世界的なもの、たとえば友達とか、場合によっては仕事を失うこともありうるかも。

[守護霊]
Guardian spirit

**守護霊じゃなくて、私の目を見て
言ってください。**

Look at me, not your guardian spirit, when you talk.

キーワード解説：Guardian spirit

守護霊の威を借る凡人は、人を真正面から見ない。ときどき、守護霊自慢をする人に会うことがある。「俺って、不動明王がついてるんだって」とか、しれっと。ちょっと、わかってんの？　不動明王さまがお前みたいな……？

STEP UP!

● 取り調べはすべて、守護霊を通してください。

● **I insist that all investigations be conducted through my guardian spirit.**

解説 守護霊というのは、近い親族からアセンデッド・マスター（キリストとかマザー・テレサ、あるいは歴史に名を残す発明家やアーティストなど）と呼ばれる存在までさまざま。いつも静かに見守ってくれるだけなので、現実の事件では弁護士にも守護を頼むべき。

● 進路の相談でスピリチュアルカウンセラーを訪問した。

● **I visited a spiritual counselor to discuss my future career.**

解説 霊能者とカウンセラーを合わせた専門的な職業は実在する。心療内科と同じく、何人ものカウンセラーを巡ってあらゆる悩みを聞いてもらって安心するというタイプの人がいるらしい。医者でも霊能者でも占い師でも、依存は禁物。

● バンドの解散理由が、霊性の不一致。

● **The reason for the breakup of the band was the spiritual incompatibility of each member.**

解説 誰にでも、生理的に嫌いとか、どうしても反りが合わないという人がいる。これはあきらかに霊性の不一致だ。そういう感覚が特に顕著で、お互いに意識している場合は、何回か前の人生で対立していたかもしれないと思うと逆にスッキリするかも。

人間についてくれるのは守護霊だけではない。ガーディアンエンジェル＝守護天使が最低ふたりついてくれているという説がある。先祖の霊も含め、いくつもの超自然的存在に守られていると思うと心強い。

[オーラ]
Aura

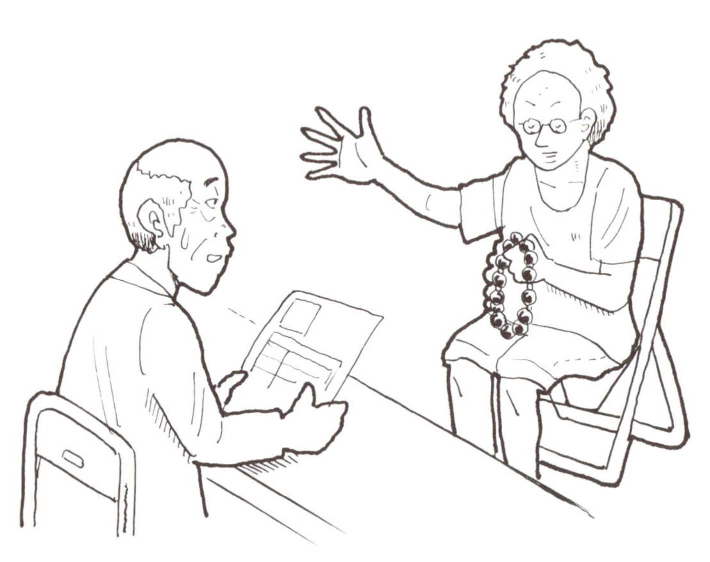

あなたのオーラは、
黄色のまわりに薄いピンクが覆っている。

Your aura is basically yellow, coated with a pale pink layer.

キーワード解説： Aura

サンタモニカに行ったとき、その名もオーラ・ショップという店でオーラを撮ってもらったことがある。色や見え方は体調などによっても変化するらしいので、霊能者によって指摘する色が違っても気にしないこと。お互いのために。

STEP UP!

● 私のオーラは何色に見えますか？

● What color do you see in my aura?

解説 一説によれば、オーラの基本色は人体に7つあるチャクラの色（赤・オレンジ・黄色・グリーン・ブルー・藍色・紫）だが、それにさまざまな形で金や銀が混じる場合もある。人それぞれに基本色があるが、体調や置かれている状況によって色合いに微妙な変化が生まれるともいわれる。

● 今年のラッキーカラーはショッキングピンクです。

● The lucky color for this year is electric pink.

解説 ラッキーカラーは風水や占星術などを総合して決まるそうだ。色味が濃いピンクとなると、想像があらぬ方向に広がってしまうが、ピンクの基本的な性質はあくまでも優しい気持ちや穏やかな愛情を意味するものだ。

● 人体の中心に7つのチャクラがある。

● There are seven chakras in the human body, aligned along the spine.

解説 7つのチャクラ（下から第1＝尾骨、第2＝下腹部、第3＝みぞおち、第4＝胸、第5＝のど、第6＝額、第7＝頭頂部）にはそれぞれ異なる働きがあり、特定の臓器や感覚に作用する。満月の夜に全裸で月光を浴びると、すべてのチャクラを浄化できるらしいが、不審者として通報されないように注意してほしい。

「こんなオーラの色はイヤだ」を考えてみる。黄土色や灰色はイヤだ。覇気がなく、頑固な心理状態をイメージしてしまう。でも、アースカラーとかシルバーグレイとか横文字にすると、ちょっと和らぐ。気の持ちようか？

4-4

[前世] Previous life

!

**私とあなたは、前世で
同じアトランティス人でしたね。**

**I believe that we were both Atlantians
in our previous lives.**

キーワード解説：Previous life

前世の記憶を共有する仲間探しが流行したことがあった。人間は、今生きている時点で、数回は生まれ変わっているというから、何代も前のアトランティスの記憶が甦っても不思議ではない。超心理学の分野でも、前世の記憶や生まれ変わり現象は専門的に研究される領域だ。

STEP UP!

- 祖父はアトランティス出身なので、私はクォーターです。
- **My grandpa is from Atlantis, so that makes me a quarter Atlantian.**

解説 しかし、祖父の代でアトランティスとなると、時系列としてどうなんだ。昔、前世がアトランティス人だったという日本人女性をテレビで見たことがあるが、わけのわからない言葉を話し出していた。事実でも空想でも、付き合いにくそうだ。

- 来世では、金髪のおてんば娘に転生する。
- **I will definitely be born again as a blond tomboy in the next life.**

解説 ダライ・ラマ14世の名言である。アメリカのニューエイジャーたちの間では、人魚とかユニコーン、妖精とか、そういったとんでもないものに生まれ変わりたいという人たちが増えているようだが、自由主義の世界で生きていることの基本的幸福を知ってほしい。

- この契約期間には、来世も含まれています。
- **This contract period includes your next life.**

解説 来世まで含まれるような契約は、悪魔相手のものに違いない。前述のようにクーリングオフ期間はないから、契約時にはよくよく注意しましょう。そういえば、前世のアトランティス時代に妙な契約をしていないか？

２０１７年に亡くなったデイヴィッド・ロックフェラー氏は、心臓手術を６回繰り返した。クローン化した肉体に脳と心臓を入れ替えて生き続けてきたという都市伝説的な話もある。もしや、今も生きてたりして？

4-5 ［ 臨死体験 ］
NDE: Near Death Experience

♪光の向こうのトンネル抜けて その川わたればME・I・DO !!

臨死体験者の多くが、
トンネルを通って川岸に辿りつく。

A lot of people who go through a near death experience arrive at a riverbank after getting out of a tunnel.

キーワード解説：NDE

臨死体験でよく聞くのは、はるか向こうに小さな光が見える長いトンネルと、さまざまな花が咲き乱れている川岸だ。たとえば事故に遭ったり、大きな病気をしたりしても、まだ精神世界に入るべき時ではない人に対しては、すでに亡くなっている友人や家族が川岸に現れて、「まだ来るな」というジェスチャーをするという。

STEP UP!

- 川の向こう岸で、鬼が手招きしている。
- **An ogre is beckoning to me from the opposite bank.**

解説 とあるUFOコンタクティーは小学校の頃、地元の山の中で遊んでいて、知らないうちにどこかの川岸に出たという。とてもいい匂いがして、花がいっぱい咲いていた。彼が見たのは鬼ではなく、きれいな色の薄い布をまとった天女のような姿の女性だったという。

- 臨死体験中に、未来の自分の姿を見てきた。
- **I've seen my future during a near death experience.**

解説 臨死体験というのは、時空連続体（時間と空間を4次元多様体としてとらえる考え方）に意識が存在する状態だという説がある。時間と空間がシームレスでつながる時空連続体の中では、過去も未来もない。とりあえず死にかけている事実に慌てたいが、そういうことだ。

- 死んでわかったことは、われわれの宇宙は高次元世界のホログラムにすぎないという事実だ。
- **One thing I knew after dying was that our universe is only a hologram in a Higher-Dimensional World.**

解説 2010年の映画『インセプション』は、まさに“高次元世界のホログラム”についてのストーリーだ。この世とは、本当はひとりひとりの人間が頭の中で描いたものが何らかの方法でひとつにまとめられているだけかもしれない。生きているのが嫌になったら、そう考えよう。

入院している人が、夜中に目覚めると天井に貼り付いた状態でベッドに寝ている自分の姿を見た、というような話もよく聞く。これはOBE（Out of Body Experience＝体外離脱体験）で、臨死体験とは別のもの。

[パワーストーン]
Healing crystals

パワーストーンを左手につけてエネルギーをチャージし、右手につけて解放させる。

You can distribute energy throughout your body by wearing healing crystals on your left wrist, and release energy by wearing them on your right wrist.

キーワード解説： Healing crystals

パワーストーンは和製英語。欧米では水晶や鉱石を数珠状につなげたものがヒーリング・ブレスレットとして売られており、“マネーマグネット”とか、“ピュア・エネジー”とか、ダイレクトな名前のものが目立つ市場になっている。

STEP UP!

- 水晶球がくすんできたので、月光で浄化しよう。
- **I'm going to cleanse my dusty crystal ball with moonlight.**

解説 月の光が宿す浄化のパワーは高いといわれている。身に付けているお守りやブレスレットを重く感じたり、違和感を覚えたりしたら、満月の光で浄めることをお勧めする。ブレスレットならコップに塩水を入れ、それに浸しながら月光にさらすとさらに効果的。

- 聖地で拾った石や木の枝を勝手に持ち帰ってはいけません。
- **You mustn't take home any stones or tree branches you picked up in a sacred place without permission.**

解説 聖地に属していたものは、たとえ石ころひとつであれ、小さな木の枝であれ、その場にある意味がある。正式に授かっていないものを無断で持って帰ると、バチがあたったり、結局返しにくることになるとか。

- 交通事故にあったが、パワーストーンが身代わりになって助かった。
- **I was involved in a traffic accident, but the healing crystals I was wearing sacrificed themselves for me.**

解説 身代わりになってくれるものは、パワーストーンのブレスレットやお守りだけではない。ひな人形も、そもそもは身代わりとなって子どもを事故や病気から守るという意味合いのほうが大きかった。現代ではペットが身代わりになって命が助かったという話も多い。

アメリカでは、オーダーメイドで、天蓋付きベッドの天蓋部分全体とそれを支える4本の支柱全体にパワーストーンがちりばめられた商品が売られている。パワーベッドとでもいうのだろうか。これは効きそうだ！

4-7

[パワースポット]
Energy vortex

!

おすすめのパワースポットへ案内してください。

Please take me to the energy vortex you recommend.

キーワード解説： Energy vortex

実はパワースポットも和製英語。英語でいうなれば「エネルギーの渦」だ。アメリカ、アリゾナ州セドナはパワースポットとして有名だが、まさに渦のようにねじれた状態で育つジュニパーツリーという木があちこちに生えている。

STEP UP!

● このパワースポットと私は相性が悪いようです。

● **It seems like I have bad chemistry with this energy vortex.**

解説 多くの人が訪れるパワースポットだからといって、ただ行けばいいというものではないようだ。それに、やたら数多くのパワースポットに行くのは逆効果であると言う人もいる。パワーをいただくありがたさを意識して、目移りしないようにするのが大切かも。人間関係と一緒？

● 鑑定の結果、駐車場の片隅がパワースポットだと判明した。

● **According to an expert opinion, one corner of this parking lot was revealed to be an energy vortex.**

解説 外国ではよく、ごく普通の民家の壁にキリストの顔にしか見えない染みが現れたり、キッチンの窓ガラスに聖母マリアの姿が浮かび上がったりするというケースが報告される。こうした場所に詣でる人々は後を絶たず、事実上パワースポットになる。

● この土地はレイ・ライン上にあるので、スピリチュアル好きな人が集まります。

● **Being situated right on a ley line, this land attracts a lot of New Agers.**

解説 パワースポットは、たとえかなり辺鄙な場所にあっても多くの人が集まる。芸能人の生家と同じ感覚で訪れるライトな人たちから、霊場巡りのように各地を回るヘビーデューティーな人たちと、いろいろだ。ただ、近隣住民にとっては迷惑で不幸な話かもしれない。

癒し。ご利益。大願成就。パワースポットを訪れる理由は人さまざまのはず。思いどおりの状態が現実のものとなったら、お礼参りを忘れずに。お願いだけしてお礼をしない人は、人間同士でも嫌われる。

4-8

[引き寄せ]
Attraction

!

5年前に引き寄せの法則で出会えたのが、今の嫁さんです。

My wife and I met and got married five years ago, thanks to the Law of Attraction.

キーワード解説：Attraction

引き寄せの法則が成就させるのは恋だけではない。法則にしっかり乗っかれば、仕事もお金も思いどおりに引き寄せることができる、といわれている。乗っかるためには、パワースポットを訪れ、パワーストーンを身に付けたりするのがいいかもしれない。確信が持てるほど引き寄せの力は高まるらしいぞ。

STEP UP!

● 願いが叶った状態をイメージすることで、望んだ未来に近づける。

● You can get closer to the future you hope by imagining all your wishes are granted.

解説 アファメーション（affirmation＝肯定）というテクニックがある。実現させたいことを「すでに叶った」過去形で文字にするものだ。自分で「すでに叶った」ことが自覚できた瞬間、願いは現実になるという。

● 寝る直前に、願望を6回、声に出して唱えてください。

● Say your wishes 6 times, just before you go to bed.

解説 アファメーションは、文字の形にしても声に出して言ってもいい。森羅万象に向かって話しかけることが波動を生み、それが引き寄せの法則をもたらすのだ。就寝の前後は無意識に近いので、より効果的。

● 幸運を引き寄せるには犠牲がつきものだ。

● Getting a lucky break extracts a price.

解説 振り子の法則というものがある。一方に大きく振れると、それと同じ幅でもう一方に動く。大きな成功には大きな犠牲が伴うのかもしれない。これが怖いと思う人には、自分が苦手なことを毎日欠かさず行うことをお勧めする。

あなたは運命的なパートナー、ソウルメイトと呼べる人と出会っているだろうか？　それは恋人であることが多いというが、たとえば最大のライバルであることも考えられる。自分の周囲の人々をもう一度よく見てみよう。

[アカシックレコード]
Akashic Records

アカシックレコードとは、簡単にいえば人類共有のクラウドストレージです。

Akashic Records, put simply, are common cloud storages of mankind.

キーワード解説：Akashic Records

時の始まりからのすべての出来事や思い、感情まで記録されているアカシックレコードを読めば、人類や個人の未来もわかってしまう。しかし、アクセスできても、熟読するのは怖くないか？

STEP UP!

- アカシックレコードへのアクセス方法を教えてください。
- **Could you tell me how to access to Akashic Records?**

解説 そもそも神智学の概念であるアカシックレコードが実在する科学的根拠はない。いわゆる集合的無意識を神智学なニュアンスで表現したものであるという解釈がある。アクセスするなら神智学を勉強して、自分で世界のすべてを知ればいい……ってこと？

- 私のアガスティアの葉だけ、どうしても見つからない。
- **I can't find my Agasthiya leaf no matter how hard I try.**

解説 世界の知識に含まれない不安。アガスティアの葉の館をうたう施設は結構な数があるのだが、正統派の施設はインド東南部のヴァイズィスヴァランコイルという都市にあるらしい。そこにはあるかもね。

- 聖人の手から灰にまみれたセイコーの腕時計が出てきた。
- **A SEIKO watch covered with ashes appeared from the saint's palm.**

解説 日本でも有名なサイババは聖なる灰ビブーティだけではなく、手のひらから仏像も出していた。無造作に手のひらを上に向けて、ちょっと握って開くと、5センチくらいの仏像がにゅっと現れる動画を見たことがある。腕時計も出せるだろう。

アガスティアの葉は現在でも大人気。ちゃんとした施設ではすべての親族の氏名までが正確に記された葉があるらしい。日本から予約できるツアーもあるので、気になったら本場のヴァイズィスヴァランコイルへ。

[瞑想]
Meditation

**無心で素数を数えていたら、
瞑想状態に入れた。**

I could go into a meditative state by counting prime numbers insatiently.

キーワード解説： Meditation

ニューエイジの世界でも東洋的な瞑想のテクニックがさまざまな形で用いられている。天使や妖精、ユニコーンやドラゴンなどの姿を具体的に思い浮かべるやり方も、それなりの支持を得ているようだ。いかに現実を忘れるかがポイントか？

STEP UP!

- プールに浮かんでいたら、意識が水に溶けだした感覚になった。
- **While floating on my back in the pool, I felt like my consciousness was seeping into the water.**

解説 ハリウッドセレブの間でカプセル型の瞑想用プールが流行しているし、プール瞑想は効果的だ。宇宙飛行士が宇宙で神の存在を感じるのと同じように、素潜りで水深50メートルくらいを過ぎると、水との一体感を得られるという。

- 偶然だが、手つきが不動明王の印と同じになっていた。
- **By accident of course, I realized that my hand movement was exactly the same as the hand seal of Fudo-Myoou.**

解説 素人が面白半分で印を結ぶのは危険であるという説があるが、無意識や偶然で印を結んでいたとしたら、それはそれでスゴいものに守られている証拠かも。

- 断崖絶壁からぶらさがっている間も、彼はアルカイックスマイルを絶やさなかった。
- **Even while hanging off a sheer cliff, he kept archaic smiling.**

解説 グレース・アンダー・プレッシャー。ピンチのときもしずかに微笑んでいれば、一発逆転のチャンスは必ず訪れる、かもしれない。

瞑想は特別な行為を想像しがちだが、実はそうでもないようだ。眠る寸前にさまざまな思いを巡らすこともまた瞑想。アメリカのニューエイジ系の作家には、シャワーを浴びながら瞑想することを日課にしている人もいる。

ADDITIONAL TERMS 4

【Clairvoyance】 「はっきり見る」という意味で、予知能力を意味する言葉。ニュアンスとしては、精神世界の存在の助けを借りて未来などを見る能力のこと。

【Claircognizance】 「はっきり認識する」という意味。まったく知らないはずのことがらが自然に脳裏に浮かび上がるといった能力。

【Clairaudience】 「はっきり聞く」という意味。天使、あるいはアセンデッドマスターのアドバイスを音声として物理的に聞く意味もある。

【Clairsentience】 「はっきり感じ取る」という意味。精神世界からのメッセージを、「第六感」とか「虫の知らせ」として知ること。

【Deja Vu】 既視感。夢の中で見た光景が実際に目の前に現れたり、まったく同じ展開の場面を体験したりすること。

【Synchronicity】 共時性、シンクロニシティ。「意味のある偶然の一致」を意味する言葉。電話をかけようと思っていた相手から電話がかかってきたといった現象。

【Ascended Master】 アセンデッドマスター。天界、上位世界の指導者というニュアンス。精神的な進化が最高レベルに達したため、もはや生まれ変わって物質世界での経験を必要としない人々。

【Higher self】 上位自我。精神世界とつながっている自分自身の一部。無意識が司る部分で、夢を通じて真実を知らせてくれることもある。

【Esoteric】 「秘教的」という訳語があてられる。秘伝、奥義といった意味の言葉で、選ばれたごく少数の人間だけが知り得る知的なもの。

【Exoteric】 エソテリックの反意語。「公共的」とか「公開的」という訳語があてられる。公になっていて、誰もが知り得る知識。

【Cosmic Humanism】 宇宙人間主義という。持って生まれた内なる聖性により、人間は事実上物理的にも精神的にも無限の能力を秘めている、という考え方。

【Sathya Sai Baba】 サティア・サイババ。インドの聖人として認められていたスピリチュアル・リーダー。サイババと呼ばれる聖人格は転生によって継承されている。

【Karma】 カルマ。ヒンドゥー教・仏教の概念で、業とか因縁、あるいは宿命という訳語があてられる。因果応報の意味合いで、報いというニュアンスもある。

【Kundalini】 クンダリーニ。ヨガ思想における、脊柱に沿って走ると考えられている人体エネルギー。"蛇の力"と呼ばれることもある。

【Chakra】 チャクラ。サンスクリット語で円あるいは車輪を意味する言葉。人体に7つあり、それぞれが虹の7色に相当する光を放つ。

chapter **5**

超人・魔人・神人
〜私はスーパーナチュラル〜

SUPER HUMANS,
WARLOCKS, GODMEN
—— I'M SUPERNATURAL

KEY WORD

5-1

[超能力者]

Psychic

二十歳をすぎてから、
眠っていた超能力が覚醒した。

I tapped into my sleeping psychic abilities after reaching twenty.

キーワード解説：**Psychic**

サイコキネシスやリモートビューイング、サイコメトリー、そしてテレパシーなど超能力と言っても種類はさまざま。能力が開花するきっかけも人さまざまだが、思春期にテレパシーがアンロックすると人間不信になれそうで怖い。

STEP UP!

- 超能力者になるには、99%の才能と1%の努力が必要だ。
- It takes 1% perspiration and 99% talent to be a psychic.

解説 努力がまったく必要ないかといえばそうではないだろうが、超能力者は生まれながらに超能力者である。憧れる気持ちはわかるが、諜報機関にスカウトされて不自由に生きるより、凡人の人生のほうが一般的には楽しいはずだ。

- スマホは持たない主義なので、テレパシーで連絡してください。
- I don't use smartphones as a matter of principle, so I prefer to communicate telepathically.

解説 能力者同士なら普通かもしれないが、これでは出前は頼めないし、カスタマーサポートの折り返し電話も受けられない。

- これからメールを送ります、という思念が届いた。
- I received a thought that tells me that someone is going to send me an e-mail.

解説 じゃあ内容も送ってよ、ということになるだろうが、思念にも字数制限があるかもしれないし、pdfは無理なのかもしれない。超能力なんて、やっぱり覚醒しなくていいでしょ？

本物の超能力者と呼べる人はごくわずかしかいない。ここで3人だけ挙げるとすれば、ユリ・ゲラーとジョー・マクモニーグル、そしてアリソン・デュボアだろうか。総合力から考えれば、ユリ・ゲラーが最強。

KEY WORD

5-2 [スプーン曲げ] Spoon bending

スプーンやフォークを曲げたら、ちゃんと元に戻しておきなさい！

When you bend spoons or forks, put them back the way they were!

キーワード解説：Spoon bending

スプーン曲げっていうのは、単に曲げるんじゃなくて、内部の分子構造を変えることなんだ。曲がるだけでなくちぎれちゃうこともある。だから、完全な意味で元通りにするっていうのは無理なんだよ。

STEP UP!

- 彼女は2時間かけて意識を集中させ、箱の中のピンポン球を5センチ浮かせた。
- **For two hours, she concentrated her focus on a ping-pong ball contained in a box, and managed to have it suspended about 5 centimeters in the air.**

解説 手で触れずに何かを動かしたりする能力はテレキネシス、あるいはサイコキネシスと呼ばれる。アメリカでは、念力で敵軍を意のままに操るテクノロジーが研究されているというが、それにしては紛争が絶えない。

- 疑っている人が見ていると、スプーンが曲がることを嫌がるものだ。
- **Under scrutiny by a skeptic, a spoon can refuse to be bent.**

解説 「ヤギ・ヒツジ効果」というもので、信じていない人の周囲では超常現象が抑制されるという研究がある。信じていないやつを驚かせてたまるか！　ということなのだろう。超常現象を起こすパワーにも意地があるのかもしれない。

- 人類史上で最初の火は、発火念力で灯された。
- **The first-ever fire in human history was ignited by pyrokinesis.**

解説 文明の始まりが超能力だったら、古代史をどう記述すべきか。しかしパッと火をつけることができたら、キャンプやバーベキューではモテモテだろう。そんなチャンスはそう多くないけど。

ユリ・ゲラー氏が最初に曲げて見せたのはスプーンではなくフォークだった。根元の部分を撫でるだけで、それぞれの歯をフレミングの左手の法則のような形にした。70年代半ばの来日時の衝撃は忘れられない。

KEY WORD 5-3

[遠隔透視]
Remote viewing

遠隔透視で捜査に協力し、感謝状をもらった。

I cooperated in the investigation by using my remote viewing ability, and received a letter of appreciation.

キーワード解説： Remote viewing

超能力の中でも遠隔透視（リモートビューイング）は、トレーニングで脳力が開花したとか、もともとの能力がさらに伸ばせたという事例が多い。銀行のトレーダーや医師向けの「透視能力」学校を経営していた元陸軍大佐も実在した。

STEP UP!

● ESP カードが得意です。
右端から、星、十字、四角、円、波です。

● **I'm really good at ESP card-guessing.
I see a star, a cross, a square, a circle, and waves from right to left.**

解説 ESP カードもトレーニング次第でリーディングの精度が上がるといわれている。双子の場合は、それぞれが違う部屋にいても同じカードを指すというパターンが少なくないらしいが、これは透視というより無意識のテレパシーだろう。

● 性的な下心があると、
遠隔透視ができなくなるものだ。

● **You can't fully demonstrate your remote viewing ability when you have sexual intentions.**

解説 透視能力があったら、いつでも裸を見ることができると思うでしょ？　でも、そうはいかないようだ。透視しようとすると、レントゲンのような画像になってしまい、骨から内臓からすべて見えてしまって、気持ち悪くなるだけらしい。

● 彼はダウジングで油田を掘り当て、
億万長者になった。

● **He discovered oil deposits by dowsing and became a zillionaire.**

解説 これも「超能力があったら」ドリームの典型。ダウジングで鉱脈や水源を捜すことは珍しくない。30 年前に校庭のどこかに埋めたタイムカプセルを見つけるところから訓練してみよう。

軍事用では敵側の建物の間取りや人質の場所、民事使用では行方不明者の捜索や金鉱・油田を探すために遠隔透視が用いられる。霊能者と同じように、ビューワーにはそれぞれの得意分野があるという。

KEY WORD

5-4

［念写］ Thoughtography

フィルムでなく、このメモリーカードに念写できますか？

Is it possible for you to burn the image from your mind on this memory card, not on a film?

キーワード解説：Thoughtography

感光材料を変化させるのと画像データを生成するのは別の能力か？　幽霊もデジタル機器で撮影できるし、脳裏に浮かんだイメージも同じく投射できるかもしれない。大容量のカードなら、ほんの一瞬脳裏をよぎった場面がつぎつぎと念写されて恥ずかしい思いをすることになりそうだ。

STEP UP!

- この黒い写真は、闇夜のカラスを念写したものです。
- **This pitch black picture is a thoughtography of a crow in a very dark night.**

解説 氷原を進むアザラシの赤ちゃんとか、雪の日のビション・フリーゼの散歩とかをイメージしたら、真っ白な写真になるだろうか？　このパターンの念写、バリエーションはかなりありそう。

- 趣味は念写、特技は空中浮遊です。
- **My hobby is thoughtography, and my special qualification is levitation.**

解説 こういう人は、一部の異性にモテるかもしれない。念女（念写ファンの女の子）とか、サイキック親衛隊（超能力者アイドルのおっかけ）とか。そこに食いついてくる情熱はややアブない気もするが。

- 私は大学で超心理学を研究しています。専門は念写です。
- **I am researching parapsychology at a university, and my area of expertise is thoughtography.**

解説 念写が専門の大学教授。日本だと福来友吉博士がまさにそれだった。フィクションだったら、ダン・ブラウンの小説に出てくるラングドン教授みたいな人物像が浮かぶが、現実の研究は地道なうえに批判されて過酷だろうな…。

念写能力者は、家族旅行にデジカメもスマホも忘れ、すべての同行者が同じ過ちを犯したとしても、集合写真くらいは撮れると思う。洋服の柄や背景がぼやけるかもしれないが、それはそれで価値ある思い出となるはずだ。

KEY WORD

5-5 ［予言］ Prophecy

ノストラダムスは、西暦3000年以降についての予言も残している。

Nostradamus also left prophecies about the events that will happen after the year 3000.

キーワード解説：Prophecy

ノストラダムスの大予言は表向き現実にはならなかった。1999年7月はそれなりに世間がざわついたが、8月に入ると予言について語っていた評論家は言い訳と新解釈に追われ、一般人はノストラダムスを忘れはじめた。しかし、気づいていないだけで、1999年には何かが起こっていたのかも。答えは西暦3000年に。

STEP UP!

● 予言通りに、今日は雨です。

● Today is a rainy day, just as prophesied.

解説 天気予言。予報という言葉より響きはいいかもしれない。いつ降るかわからないゲリラ豪雨なんか、予言者のほうが得意なんじゃないか。お天気専門の予言者がいたら、各局でひっぱりだこになるだろう。

● 昨年の災害が一昨年に予言されていたことが、今年に判明した。

● It was confirmed this year, that last year's disaster actually had been predicted two years ago.

解説 後の祭り。超常現象としては興味深いが防災的には無意味だ。ノストラダムスの1999年7の月の予言のように、かすりもしない予言のほうがマシだ。

● 一年の計はカバラにあり。

● Kabbalah is the key to the year.

解説 ユダヤ教の神秘主義思想カバラには、生年月日から計算した運命数を基にする数秘術という占いも含まれる。元日に占って、それを1年の指針にするのも悪くない。やり方はググってください。

もし予知能力があったら、何に使いたいだろうか？　自分だけ結果を知っているという状態は最初のうちは快感だろうが、生きることに飽きてしまうかもしれない。ワールドカップの決勝も盛り上がれなくなる。

KEY WORD 5-6

[タイムトラベラー]
Time travelers

100年前の写真にスマホを持ったタイムトラベラーが写りこんでいる。

In a picture taken 100 years ago, I see a time traveler with a smartphone in his hand.

キーワード解説：Time travelers

2000年前後、世界中で話題になったジョン・タイターという人物がいる。2036年からやってきたタイムトラベラーとして、ネット上であっという間に有名人となった。ネットに書き込む際、「iPhone 32」とかを使ったのだろうか。

STEP UP!

- 2036年になっても、ハゲと虫歯の特効薬は完成していないらしい。
- A time traveler told me that a wonder drug for baldness and tooth decay will not be invented even in the year of 2036.

解説 風邪の特効薬と同じく、ハゲや虫歯を解決する薬を開発したら、ノーベル賞確定だ。ジョン・タイターが虫歯に悩んでいた可能性は否めない。

- 今の知識と経験を持ったまま、小学生からやり直したい。
- I want to start all over again from elementary school with my present knowledge and experience.

解説 社会的地位とか、経済的なメリットを得る競争では有利かもしれないけど、妙に物を知ってる子供は周囲から浮いてしまうかもしれない。面白い人生になるかどうかは、また別の問題。

- 「バビロニアのころは……」サン・ジェルマン伯爵の長い話が始まった。
- "What I remember about Babylonia..." was the beginning of a long story told by Comte de Saint-Germain.

解説 18世紀に実在したらしい、こういう伯爵。タイムトラベルでさまざまな時代を訪れた経験から話のネタには困らないので、社交界では人気者だったとか。見てきたように話したという、その話術が気になる。

未来を変えてしまう可能性があるので、タイムトラベラーは過去の出来事に関わってはいけない。でも、スマホを持ったままボーっとしているところを撮られちゃうような、ゆる～いタイプのやつもいるようだ。

KEY WORD

5-7

[風水]
Feng Shui

風水的に、冷蔵庫の上に電子レンジを置いてはいけません。

From a feng shui point of view, you mustn't place a microwave oven on a fridge.

キーワード解説：Feng shui

カーテンの色とか観葉植物の鉢を置く位置、テレビの向きなど、気にする人はかなり細かいところまで気を配るのが風水。仕事面で停滞が起きるたびに引っ越す人も珍しくないらしい。自分で気が済むように取り入れるのが一番だ。

STEP UP!

- 日本では、トイレに女神、お米に108の神が宿っているといわれる。
- **In Japan, it is said that a goddess dwells in the bathroom, and 108 gods reside in a single grain of rice.**

解説 アメリカ映画の子供たちのキャンプの場面で、マッシュポテトとかを投げ合う場面が出てくるが、日本の映画でこういう描写はあまり見ない。食べ物に神様が宿っている感覚が関係しているのか？

- 龍脈を通すために、ビルが解体された。
- **That building was demolished so as not to interrupt the ley line.**

解説 完全に解体するまでいかなくても、奇妙な形で空間が設けられた高層ビルを見ることがある。これも龍脈対策で、風水の本場である中国の大都市以外でも、都市計画の一部として盛り込まれることがある。

- 道教の道士は、刃の階段を素足で上る。
- **Taoist priests climb up a stairway of blades in bare feet.**

解説 火渡りなら派手だし観光気分で見ていても受け入れられるレベルだが、刃上りとなると見ていて怖い。集中力の高さを見せるのが目的なのか。それとも、刃物にも負けない丈夫な足裏を知らしめたいのか。ショーじゃないから本気なんだろうけど。

風水は欧米でも大人気なのだが、日本文化と混同されてしまうことも多い。アメリカでは、パワーストーンを扱うニューエイジ系の店で〝Good Lock Feng Shui Garden〟という枯山水ジオラマが売られていたりする。

KEY WORD

5-8 [魔法円] Magic circle

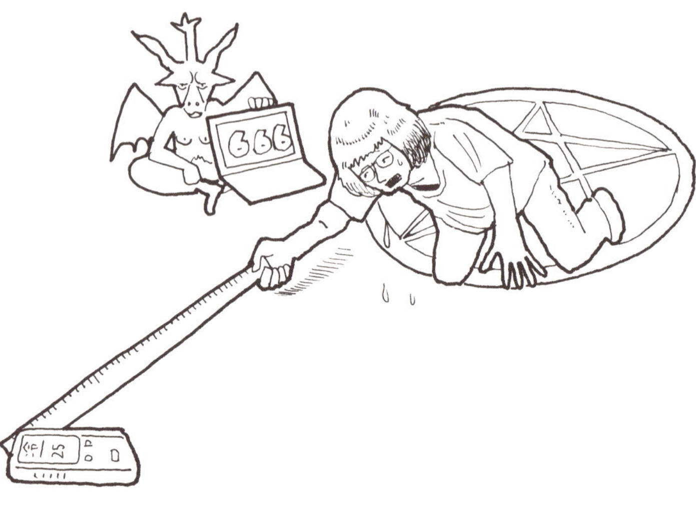

床に五芒星を描き、二重の円で囲みなさい。その魔法円から出てはいけません。

Draw a pentagram on the floor, and surround it with a double circle. Do not step out of the magic circle.

キーワード解説： Magic circle

魔法円は魔物や霊から術者を守るもの。マンガなどでは悪魔を呼び出す入り口のように使われることもあるが、伝統的な用例ではない。ちなみに魔方陣（Magic Square）は、正確には正方形のマス目に一定の法則で数字を記したものを指すので、さらにややこしい。

● レストランの床に、魔除けの結界が描いてある。

● There's a hex sign on the floor of this restaurant.

解説 ヘックスサインと呼ばれる魔除けの印にはさまざまな模様があって、欧米にはそれをプリントの模様にしたカーペットとか床材を専門に扱う会社がある。気になっても、けっしてめくってはいけない。

● 呪文を唱え終わるまで、私には指一本触れないように。

● Be sure not to lay one finger on me, while I am casting a spell.

解説 そりゃそうだ。気が散るだろうし、もしも呪文が途切れたら効きが悪くなるだろう。でも「絶対にやるな」と言われると、ちょっとだけツンツンしたくなりそう……。いやいや、息も止めて見守るしかない。

● 古い神社の石灯籠に、六芒星が彫られている。

● Stone lanterns at old shrines have hexagrams carved onto their surfaces.

解説 六芒星というのは、いわゆるダビデの星である。神社と六芒星は馴染まないように思われるが、伊勢神宮をはじめ多くの神社で見ることができる。

魔法円も、最近はポップでカジュアルになってきている。欧米のオタク女子たちの間では、10年くらい前からWICCAという名で知られる女神崇拝が一気にブレイクした。ちなみにWICCAのシンボルは、円に囲まれた五芒星だ。

KEY WORD 5-9

[聖痕] Stigmata

両の手に血の十字架が浮いたから、4月7日は聖痕記念日。

After having two crosses of blood appear on both palms, I decided to call April 7th the “stigmata memorial day.”

キーワード解説： Stigmata

周囲の人々は畏敬の念を持って接するようになるが、本人にとって聖痕現象は苦痛以外の何物でもないらしい。聖痕現象が出たという人は、キリスト教会による公認・非公認含め400人以上を数える。信仰のために耐えきる苦労をお察しする。

STEP UP!

- マリア像が血の涙を流した年、農作物は凶作になる。
- When the statue of St. Mary bleeds tears, it's going to be a bad year for harvesting.

解説 マリア像が涙を流した事例は世界中で報告されている。そんな奇跡を起こすのはマリア像だけではない。メキシコの教会では、目をつぶっているはずのキリスト像が突如両目を見開くという奇跡の瞬間がビデオに撮影された。

- 毎朝ルールドの泉の水を浴びているので、風邪なんてひいたことがない。
- I bathe in the water from the holy spring at Lourdes every morning, so I've never caught a cold.

解説 これに青汁と黒酢入りのヨーグルトを合わせれば、お腹の調子もサイコーによくなる……という広告を連想する。しかし、毎日屋外で行水できる人は、もともと元気なんじゃないか？

- 庭の切り株に、救世主の顔が浮かび上がってきた。
- The face of the Messiah appeared on the surface of a stump in my garden.

解説 大量生産された家具にイエス・キリストの聖像が浮かび上がることもある。どうやら聖なる存在は、気まぐれに近い形でアトランダムに、そしてさまざまなものに姿を現すようだ。

聖痕現象は、とにかく痛いらしい。しかも一度始まると、何日間か血が流れ続け、眠れないし、ご飯も食べられない。聖痕現象体験者たちは、ただ痛くて眠れず、空腹にさいなまれる時間を定期的に強いられるのだ。

5-10

[救世主]
Savior

!

救世主が現れるという預言に従い、博士は西へ向かった。

Following the prophecy that says the Savior would appear, the Magus headed west.

キーワード解説：Savior, Messiah

正確にはSaviorは救済者。キリスト教において世界を終末から救う人、すなわちイエス・キリストをMessiah、救世主という。

STEP UP!

- 世界が滅亡に瀕するとき、
東方で2人の救世主が誕生するだろう。

- **When the world is on the verge of annihilation, two saviors will be born in the east.**

解説 ダン・ブラウンの『ダ・ヴィンチ・コード』では、イエス・キリストの末裔は女性だったが、本当の意味での救世主はキリストの墓がある日本で出現するかもしれない。思い当たる人は……自己申告で。

- A「俺が救世主だよ!」
B「いや、俺だよ!」
C「いや俺が世界を救うんだよ!」
A・B「どうぞどうぞどうぞ」

- **A: I am the Savior.**
B: Not you, it's me!
C: No. I am the one who will save the world!
A&B: Go right ahead, please.

解説 メシア倶楽部か！　やっぱり、いざ世界が滅亡するとなれば、救世主といえども怖気づくかも。誰でもいいので、最後はよろしくお願いします。

- お客様の中に、岩に刺さった聖剣を抜ける方はいませんか?

- **Is there a guest who can pull out the sacred sword from the stone?**

解説 劇場でも飛行機の中でも、お医者さんがいることはあるだろう。しかし聖剣を抜ける人間となると、伝説のあの人だけだ。急に呼ばれても、そこに居合わせるのが英雄というものだね。

救世主は、どんな姿でどこにいるのか？ 世界の終わりは本当に来るのか？ そもそもそれは、善と悪、あるいは光と闇というわかりやすい構図なのか？ 明日わかるかもしれないし、100年経ってもわからないかもしれない。

ADDITIONAL TERMS 5

【Empathy】 ほかの人が感じていること、欲するもの、気分などを察知する能力。エンパスともいう。

【Telepathy】 精神感応、テレパシー。正確には「メンタル・テレパシー」という。思念だけで相手に話しかける能力。エンパスに比べると、能動的な能力。

【Precognitive Dream】 正夢あるいは予知夢。精神世界的メッセージから、地震の予知といった具体的な内容までさまざまある。

【Psychometry】 精神測定、サイコメトリー。ものや人に触れて、そこからさまざまな情報を引き出す透視能力の一種。能力者の脳裏には、テレビ画面のような映像が浮かぶらしい。

【Crystal healing】 そのままクリスタル・ヒーリングで通じる。さまざまなパワーストーンで心や体を癒すこと。

【Teleportation】 瞬間移動。一瞬のうちに空間から空間へ移動できる能力。物理的な距離はいっさい関係なく、時間軸上の移動も可能となる。

【Bilocation】 訳すなら一身同時存在。通称はそのままバイロケーション。同時に複数の場所にいることを意味する。無意識に行うこ人もいれば、意識的にできる人もいる。

【Psychokinesis】 念動力、サイコキネシス。スプーンなどの金属曲げ（Metal Bending）も、これの一種。

【Pyrokinesis】 発火能力、パイロキネシス。思念によって火を起こす。能力を制御できない場合が多いらしい。

【Electrokinesis】 訳すなら電操能力。エネルギーや電流を意のままに操り、あるいは思念によって電気を起こす能力。

【Hydrokinesis】 訳すなら水操能力。水を意のままに操る能力。アクアキネシスともいう。

【Edgar Casey】 "眠れる超能力者"と呼ばれたエドガー・ケイシー。特に予言能力が優れていたといわれている。アトランティスに関する言葉も数多く残した。

【Ingo Swan】 インゴ・スワン。遠隔透視、リモートビューイング能力の存在を世に知らしめたアメリカ人超能力者。予知能力も高かった。

【Uri Geller】 ユリ・ゲラー。スプーン曲げを当然として、多様な能力で知られる。諜報機関のエージェントだったともいわれる。

chapter 6

UMA・怪人
～モンスター確認中～

CRYPTIDS,
MYSTERIOUS FIGURES
—— AND MONSTERS TO BE EXAMINED

［ 未確認動物 ］
Cryptids

未確認動物の中でも、ビッグフットは実在する可能性が高い。

Among all the cryptids, there is a high probability that Bigfoots really exist.

キーワード解説： Cryptids

未確認飛行物体UFOにならって、日本で未確認動物はUMA（Unidentified Mysterious Animals）と呼ばれているが、じつはこれ和製英語。英語ではCryptids（幻獣）という。Hidden Animals（隠棲生物）とも言われるが、この言葉は絶滅動物を指すこともあるので注意。

STEP UP!

● ジャイアントパンダはかつて、未確認動物だった。

● **Giant pandas used to be categorized as cryptids.**

解説 パンダが正式に発見されたのは19世紀。「中国奥地の森に白黒の熊がいた！」……なんて目撃報告だけだと確かに信じてもらえなかっただろう。だから、今から100年後に「ビッグフットって昔は未確認動物だったんだってさ」なんて会話が普通になっているかも。

● ビッグフットが近くにいたら、猛烈な悪臭がするのですぐにわかる。

● **If a Bigfoot is nearby, you can recognize it easily because it gives off an awful stench.**

解説 長毛の野生動物はだいたい臭い。アメリカのフロリダ州にもビッグフット型のUMAが出没すると言われている。こちらも、ものすごい悪臭を放つので "スカンクエイプ" と呼ばれている。

● 獣人ヒバゴンが出現したため、町役場に対策委員会が設置された。

● **In response to the sightings of Hibagon the therianthrope, a special task force was set up in the town hall.**

解説 1970年代に広島県の比婆山近辺で獣人とヒバゴンが話題になり、町役場に「類人猿係」が設置された。でも獣人の出現や被害よりも、住人やマスコミからの問い合わせ窓口だった。

未確認動物というと、ネッシーやビッグフットなど大きくて派手なタイプに目が行きがちだが、目にもとまらぬスピードで飛び回って肉眼では見えないスカイフィッシュみたいな地味なものも忘れないようにしたい。

KEY WORD 6-2

[湖の怪獣]
Lake monsters

６世紀の文献にも、
ネス湖の怪獣について記述がある。

There are accounts of the Loch Ness monster in a 6th century literature.

キーワード解説：Lake monsters

湖の怪獣といえばネッシー（Nessie）が一番有名。『聖コロンバの生涯』という古書にはネス湖の怪物退治エピソードがある。ネッシーの正体が中生代の首長竜かはともかく、昔からネス湖がミステリースポットだったことは間違いない。

STEP UP!

- ネス湖だからネッシー、池田湖はイッシー、屈斜路湖はクッシー。
- **It works like this: The one in Loch Ness is Nessy, the one in Lake Ikeda is Issy, and the one in Lake Kussharo is Kussy.**

解説 ネス湖と屈斜路湖はいいけど、池田湖のモンスターをイッシーはおかしい。Lake Ikedaなんだから、むしろイッキーだろう。

- ネッシーは水棲哺乳類かもしれないし、両生類かもしれない。
- **Nessy could be an aquatic mammal, or it could be an amphibian.**

解説 ネッシーがジュゴンやマナティみたいな動物だったら、ちょっとイメージがかわいくなる。大きな両生類っていうと、サンショウウオのような……？　どっちも仮説として提唱されているが、やっぱり爬虫類、首長竜であってほしい。

- 首長竜の死体を引き揚げたが、悪臭がひどくて海に投棄した。
- **We had salvaged the carcass of a plesiosaur successfully, but we were forced to abandon it in the sea because of the terrible foul odor.**

解説 ニューネッシーというニックネームが付けられた謎の生物の死体がまさにこれ。ニュージーランド近くの海域で発見されたネッシーみたいな生物、という意味でニューネッシーになったらしい。今なら皮膚や毛をちょっとでも採取しておいて、いろいろ検査できるけど。

UMAの中でも、スーパースター級が揃っているのはレイクモンスターだ。目立つものだけでも、北米大陸を中心にした14か所の湖に一匹ずつモンスターが棲んでいる。川に棲んでいるのは、リバーモンスター。

KEY WORD

6-3 [エイリアン・アニマル] Alien animals

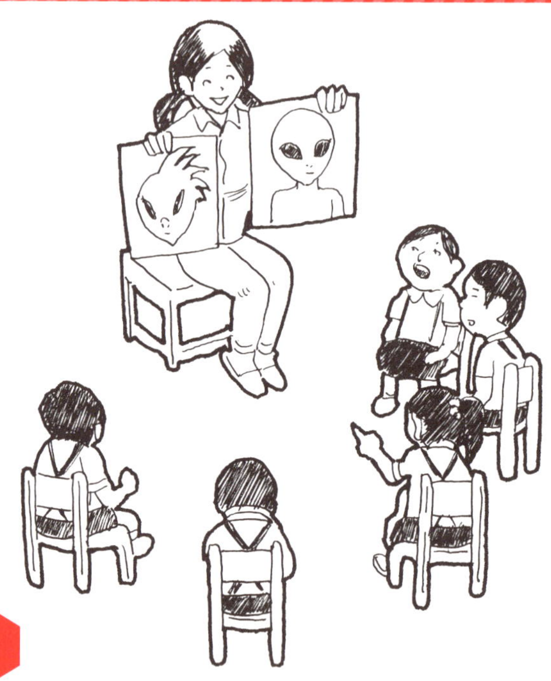

!

チュパカブラはエイリアン・アニマルだという説が強い。

A broadly supported theory assumes that a Chupacabra is an alien animal.

キーワード解説：Alien animals

地球外からやってきた生物、というニュアンスで使われるのがエイリアン・アニマル。火星の表面で撮影されるイグアナとか人魚ではなくて、あくまでも宇宙からやって来て地球に住んでいる生物を意味する。

STEP UP!

● チュパカブラを「ゆるキャラ」として町おこしすることにした。

● We decided to revitalize the town by making Chupacabra into our own official "Yuru-Chara" mascot character.

解説 ゆるキャラもそのうち国際語になりそうだ。人気が出て出演イベントが重なったり、汚れが目立ったりするとさまざま不都合が出るので、着ぐるみは最低3体作っておいた方がいい。

● 3メートルの怪物が毒霧を放ち、近隣住民は頭痛にさいなまれた。

● The 3 meter-tall monster belched poisonous fog, and all the local residents suffered from severe headaches.

解説 1952年にアメリカ、ウェストバージニア州のフラットウッズで起きた事件がこれ。世界的に有名になった事例のため、現地では定期的に回顧イベントが開催されるようになっているそうな。超常現象の観光活用例である。

● 地球の生物の多くは異星人にデザインされたものだ。

● A lot of creatures on earth were designed by aliens.

解説 神による創造論と一致する考え方。もしそうなら、水槽で飼えるサイズのシャチとかクジラも作ってほしかった。逆に、乗って空を飛べるような大きさのフクロウやモモンガもいたら楽しかった。異星人のセンス、いまいち。

地球は異星人が作った巨大な牧場のような星で、すべての地球生物は意図的な進化を遂げているという説がある。本当のところはわからないが、異星人の遺伝子を受け継ぐ地球人というのも存在するらしい。

KEY WORD

6-4 ［ 巨大生物 ］ Massive creature

海底の巨大生物に襲われたため、
この船は間もなく沈没します。

Attention, passengers. This ship will go down in a moment, because we have been attacked by a massive deep-sea creature.

キーワード解説： Massive creature

海の巨大生物といえば、クラーケンという巨大なタコのような生物が船を襲った伝説が思い浮かぶ。クルーズ中にこのアナウンスを聞いたら、タイタニック号に乗り合わせた気分で、もうあきらめるしかない。

STEP UP!

● 翼長8メートルの巨鳥が、われわれの部族のトーテムだ。

● The totem of our tribe is a huge bird with a wingspan of 8 meters.

解説 翼長8メートルっていうと、セスナくらいの大きさの鳥。ネイティブアメリカンにはそんな巨鳥サンダーバードの伝説があって、トーテムポールのてっぺんに置かれていたりする。

● 水平線の手前あたりに、巨大生物の背びれが見える。

● I see a dorsal fin of a massive sea creature just before the horizontal line.

解説 怪獣映画のオープニングのようなセリフ。シーサーペント（巨大海蛇）なら背びれはないはずだから、別の種類のモンスターということになるか。古代種のメガマウスが生きた状態で見つかったこともあるし、海ではやっぱり油断禁物だ。

● 怪獣に家を壊されたら、損害保険金は受け取れるのだろうか？

● Can I get the insurance money if a Kaiju appears and tears my house into pieces?

解説 動物は巨大であっても物として扱われるので、物体の落下・飛来・衝突などによる損害に対しては保険金が支払われる。おそらく火災保険でカバーされるだろう。でも、地響きなどの間接的な損害や自衛隊の流れ弾の被害などは……？

巨大生物が本当に存在するなら、そしてそういう生き物が人類に対して敵意をむき出しにするなら、人類は高い壁を築いてその中で生きていくしかない。建築や兵器など、巨大生物対策の産業が活気づきそうだ。

KEY WORD 6-5

[巨人] Giants

この博物館に収蔵されている巨人族の骨を見せてください。

Could you please show me the bones of the Giant tribe that are housed in this museum?

キーワード解説：Giants

スミソニアン博物館が巨人の骨を隠しているという話がある。実際、南米や中東で、人間とまったく同じ形状であるものの、数倍大きな全身骨格が出土したニュースがあるのだ。公開したほうが集客になると思うけど、なぜ隠す？

STEP UP!

● 太古、人間と巨人族は共存していた。

● In ancient times, humans and giants coexisted with each other.

解説 ダビデとゴリアテの例もある。巨人だけでなく、古代人類が恐竜とも共存していたことを示す物証もある。人間と恐竜の足跡が残されていたりするのだ。

● 古代人は長頭人だった。この頭蓋骨がその証拠だ。

● The ancient humans had elongated-heads. This skull is the evidence.

解説 南米では長く伸びた頭蓋骨が出土することがある。縄で縛りあげて形成したという解釈もあるが、なぜそんな"異星人みたいな"姿にしたのか？　もしくは、もともとそういう姿だったのか？

● あなたの中にも、巨人の遺伝子が眠っています。

● You too have the dormant gene in you, acquired from giants.

解説 男女かかわらず、そういう人に違いないと思える人に出会うことがある。昨日は渋谷駅の東口、おとといは玉川高島屋の1階にいた。嘘じゃないよ！

岡山県立博物館に、大太刀法光という刀身が2メートルを超える日本刀がある。海外に目を転じると、直径5メートルの盾や、刃渡り1メートルの斧もある。聖書にも、ネフィリムという巨人族が出てくる。

KEY WORD

6-6 [吸血鬼] Vampires

吸血鬼の祖父が亡くなったので、
参列者はひとりずつ心臓に杭を打った。

My grandpa, who was a vampire, passed away. All the attendees at his funeral took turns strinking the stake in his heart once, one by one.

キーワード解説：Vampires

吸血鬼を退治するノウハウは映画などで知られている。人の血を吸いたいけど、夜しか外に出られず、死にたくても死ねない。よく考えると、なんか切ない。死にたくなったら杭打ちを頼む遺書を書いて、ニンニクを思いっきり頬張るのだろうか。

STEP UP!

- 彼とキスをしてから、鏡に写らなくなってしまった。
- **I've had no reflection in the mirror since he kissed me.**

解説 これは、チューだけじゃないな。首筋いかれてるぞ。微熱も続いてるはずだ。ほかの人の血を吸いたくなるのも時間の問題だ。彼とともに、永遠を生きる覚悟はできたか？

- 吸血鬼に追いかけられたら、川を渡れば大丈夫だ。
- **When chased by a vampire, cross a river and you'll be fine.**

解説 吸血鬼の弱点でニンニクと十字架は有名だが、流れる水も苦手だとされている。それに、彼らはそこの住人に招かれない限り家の中には入れない。弱点だらけで、そんなに怖くない。

- 夜型のライフスタイルですが、私は吸血鬼ではありません。
- **I'm a late-night person, but not a vampire.**

解説 夜遊びして朝方家に帰ると、特に夏は朝日が異常にまぶしい。目も真っ赤になって、寝不足だから少し顔も青ざめている。ヴァンパイア伝説は、夜遊びへの戒めとして始まったのかもしれない。

ヴァンパイアになりたい、という人たちがいる。そして、本物のヴァンパイアたちが自衛手段として立ち上げたというリアル・ヴァンパイア・ドット・コムみたいなウェブサイトもいくつかある。みんなマジだ。

KEY WORD 6-7

[妖精] Fairies

!

朝食は、人間ふたりと、妖精さんの分を用意してください。

I would like you to prepare a breakfast for two people and one fairy.

キーワード解説：Fairies

妖精というと、透き通った羽とふわふわした感じの服を着た5センチくらいの、金髪をポニーテールにした女の子を想像するかもしれないが、当然オッサンもいるだろう。かつてとらえられた“本物の妖精”はナナフシを想像させる姿をしていた。

STEP UP!

● 5枚のうち1枚の写真には、本物の妖精が写っています。

● One in every five fairy pictures is real.

解説 妖精を写した写真は、かなり昔の時代からたくさんある。有名なコティングリーの妖精写真は、コナン・ドイルも信じていた。もっとも、小説家が信じていても信憑性は高まらないが。

●「小さいおじさん」を見かけたら、あなたに幸福が訪れます。

● When you come across an uncle fairy, he'll bring you luck.

解説 小さいおじさんは日本の都市伝説だけでなく、世界的なトレンド。動画サイトでもかなりの数がアップされている。すぐ後ろを走っている小さいおじさんに気づかず、踏みつぶしてしまう女の子を写したビデオもあるが、大丈夫か……。

● 林道の監視カメラが、偶然にも小人族を撮影していた。

● The surveillance camera on the forest road accidentally filmed a tribe of dwarves.

解説 牧歌的な光景でホッコリする。パトカーの車載カメラが、前に止まった車のトランクから小人がわらわら出てくる映像を見たことがあるが、なんとなく縁起がいい気がした。小人はやっぱり幸せを運ぶのか。

妖精好きな人たちは、樹々の一枚一枚の葉に妖精がいると語る。思わず走り寄って木に抱きつきたくなるときもある。誰かが木に走り寄って抱きついていたら、それは妖精が見えたからだ。大騒ぎするほどのことじゃないさ。

KEY WORD

6-8 ［怪人］ Mysterious figures

スレンダーマンは作り話から実体化した怪人だ。

The Slenderman is a mysterious figure which came into existence from a fictional story.

キーワード解説：Mysterious figures

スレンダーマンは、都市伝説として作られたキャラだったのだが、目撃・遭遇証言が世界中に広がっている。スレンダーマンに感化された少女が実際に傷害事件を起こした例もあり、現実に勝る虚構のパワーを見せつけた。

STEP UP!

● 道化師についていった子供たちは、
二度と家に戻らなかった。

● **The kids who followed the clown never came home again.**

解説 道化師はきっと笛を吹いていた。子供たちにもスマホを持たせて、現在地がわかるようにしておくべきだったかも。欧米では不気味なピエロがSNSを媒体にして広がっているし、現実にもピエロ現象は感染しやすいようだ。

● 学校の帰り道で人面犬を見かけたが、
無視された。

● **I saw a dog with a human face on my way from school, but it ignored me.**

解説 昭和の都市伝説"人面犬"。学校の怪談と呼ばれるジャンルの話に分類したほうがいいだろうか。「なに見てんだよ」とか「ちぇっ、人間か」などと吐き捨てたなんて話があったが、近頃はまったく露出がない。

● 人魚の肉を食べた王子様は、
不老不死になりました。めでたしめでたし。

● **The prince who ate the flesh of a mermaid became immortal. What a happy ending.**

解説 アンデルセン童話ではお姫様扱いの人魚だが、アジアでは人魚はモンスターで、その肉は不老不死の秘薬。この王子様は、どのようなレシピで召しあがったのだろうか。やっぱり刺身？

怪人という言葉からは、どうしても仮面ライダーシリーズを思い浮かべてしまう。現実世界に住む怪人たちもバラエティーに富んでいるが、活動はおとなしいものだ。怪しい人を見かけたら、そっとしておこう。

KEY WORD

6-9 [河童] Kappa

**河童に襲われると尻子玉を抜かれる、
という昔話を聞いたことがある。**

I remember hearing a folk story of a Kappa, which attacks people and yanks out Shirikodama, an imaginary organ said to be located inside of one's anus.

キーワード解説：Kappa

河童は世界語に近くなっているようだ。欧米の未確認生物学者にはKappaの文献を徹底的に調べている人がいて、『遠野物語』もかなり読み込んでいるらしい。ジャパニーズ・リバーモンスターという呼び方もあるが、尻子玉の訳語は見当たらない。

河童はよく、釣り人や川で遊ぶ子供たちに目撃されるようだ。キュウリを与え、それを食べている隙にその場から逃げられるという話や、もっとワイルドな方法なら皿を狙って石を投げれば撃退できるという話も聞く。

STEP UP!

● 水かきのある生き物が二足歩行した足跡を発見した。

● **I found some footsteps of a bipedal creature with webbed feet.**

解説 河童がUMAあるいはチュパカブラのようなエイリアン・アニマルであるとする説がある。ならば、尻小玉を抜くという話は、何らかの生体実験がからんでいるのかもしれない。尻子玉ミューティレーションだ。

● 河童を捕獲したいのなら、役場で許可証をもらってからだ。

● **Get special permission from the local government office, then you will be able to set out for Kappa hunting.**

解説 河童の名所である遠野市観光協会はマジで許可証を発行している。河童は絶滅危惧種だろうから、実際に捕獲したらしたで、面倒な手続きが待ち構えていそう。

● 河童の正体はグレイ・エイリアンだという説がある。

● **Some say that Kappas really are Grey Aliens.**

解説 アメリカ南西部の州にある秘密基地にはグレイがわんさかいるという話があるが、日本にも、しかも大昔から生息していた……？　異星人テクノロジーによってカエルや亀に遺伝子操作を加えて生み出された生物という説もある。

6-10 ［ ツチノコ ］ Tsuchinoko

**日本では、毎年5月に
ツチノコ狩りが行われる。**

In Japan, an annual Tsuchinoko chase is held in every May.

キーワード解説：Tsuchinoko

河童ほどではないものの、Tsuchinokoも海外である程度、認知されている。日本語のホームページを訳したものではなく、英語で書かれた詳しい考察を展開している人たちもいる。アイドルやアニメに加えてUMAもクールジャパンの一角だ。

身近なUMAとして知られていたツチノコ。アオジタトカゲやマツカサトカゲ、獲物を呑み込んだ普通の蛇など諸説あるが、ネッシーと同じく、本物は見つからないほうがいいと思っている人たちも少なくないのでは？

STEP UP!

- 日本ではウマのことを未確認動物だといって騒いでいるらしい。
- Japanese people think UMA is a cryptid and make a big thing out of it.

解説 UMA。ローマ字読みすると、確かに"ウマ"だ。こっちとしてはユーマと読んでるわけだけれども、この言葉はまだ英語のボキャブラリーには加えられていない。ウマじゃなくてユーマ、未確認動物なんだって、聞き間違いコントが作れそうなワードだ。

- 日本では、年老いた猫の尻尾が二股に分かれて、妖怪になる。
- In Japan, a really old cat's tail splits into two and the cat itself becomes a monstrous being.

解説 猫又っていうやつだ。江戸ではそれを恐れて尻尾を切る風習もあったとか。そうでなくても猫は不思議な動物で、真夜中に手拭いをかぶって暗い廊下でかっぽれを踊りまくっていた猫の話も聞いたことがある。

- スカイフィッシュを魚だと言うのは日本だけだ。
- Only in Japan are skyfish literally taken as some kind of fish.

解説 英文だけでは伝わりにくいネタ。スカイフィッシュは英語だと「空飛ぶ棒（flyinglods）」が一般的。動画や画像を見ると、確かに魚には見えないので、なぜ「空の魚」が定着したのか、理解に苦しむ。

ADDITIONAL TERMS 6

【Skunk ape】 スカンクエイプ。アメリカ、フロリダ州内の各地に出没するといわれている獣人UMA。悪臭を放つので、こう呼ばれている。

【Rougarou】 ルー・ガルー。アメリカ、ルイジアナ州の伝説に登場する人狼型のモンスター。語源は、フランス語のLoup-garou。

【Batsquatch】 バッツカッチ。1980年代、アメリカのセントヘレンズ山に棲むといわれていた"飛行型類人猿UMA"。獣人サスカッチにコウモリの翼をつけたような外見からの命名。

【Orang Pendek】 オラン・ペンデク。スマトラ島のジャングルに生息するとされる獣人UMA。身長は90～150センチほどの小型獣人。

【Goatman】 ヤギ男。人間の体にヤギの頭という姿。アメリカ、メリーランド州の伝説に出てくる。大きな斧を手にしているといわれる。

【Mothman】 モスマン。アメリカ、ウェストバージニア州の伝説に出てくる"蛾男"。大きな災害の直前に姿を現すことで知られている。

【Minnesota Iceman】 ミネソタ・アイスマン。1960年代後半のアメリカで見せ者にされた、氷漬け獣人型UMA。一時期大きな話題となったが、今は行方不明。

【Alien Big Cat】 エイリアン・ビッグ・キャット。略してABC。外見はピューマあるいはクロヒョウに近い。大型のネコ科動物が生息しないイギリスで目撃される。

【Bunyip】 バンイップ。オーストラリアのレイクモンスターで、そもそもはアボリジニの神話に出てくる邪悪な獣。

【Mokele mbembe】 モケーレ・ムベンベと読む。アフリカのコンゴ川流域に生息するとされるネッシー型のリバーモンスター。

【Champ】 チャンプ。アメリカとカナダをまたぐシャンプレーン湖に棲む、ネッシー型のレイクモンスター。

【Jersey devil】 ジャージーデビル。アメリカ、ニュージャージー州の伝説に出てくるモンスター。コウモリの翼を生やした馬のような姿をしている。

【Mantis man】 カマキリ男。カマキリのような頭部や手をしたヒューマノイド。昆虫型異星人(インセクトイド)という説もある。

【Dover Demon】 ドーバーデーモン。マサチューセッツ州ドーバーの町に出没したヒューマノイド型UMA。外見はグレイ型エイリアンに似ている。

【Mongolian Death Worm】 モンゴリアンデスワーム。ゴビ砂漠に棲むといわれている巨大なミミズ型のUMA。成虫は1.5メートル以上になり、発光する個体もいるという。

chapter **7**

古代文明
～古代の叡智を求めて～

ANCIENT CIVILIZATION
—— SEEKING THE WISDOM OF THE ANCIENT TIMES

[オーパーツ]
OOPArts

時代や場所にそぐわない遺物を略してオーパーツと呼ぶ。

Chronologically or geographically unexplainable artifacts are called OOPArts.

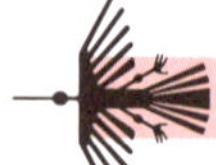

キーワード解説： OOPArts

和製英語っぽいけど実は英語で通じる。Out Of Place Artifacts（場違いな工芸品）の略語だ。インカ文明のジェット機みたいな工芸品とか、古代エジプトの壁画に描かれたヘリコプターとか、恐竜をかたどった土偶とか、その時代の文明ではありえないブツを指す。

● 25万年前に作られたアルミニウムが出土した。

● A piece of aluminum which appears to have been made 250,000 years ago was excavated.

解説 アルミニウムの生産には大量の電力が必要となるので、25万年前に作れたはずがない。でも地球文明は一度最盛期まで行って滅びたという説がある。現在は通算3～4回目の地球文明なのかも。

● コロンビアの黄金ジェットはスペースシャトルそっくりの形をしている。

● Pre-Columbian Golden Jets look exactly like space shuttles.

解説 プレ・インカ時代に作られた黄金ジェットは、人が乗れるサイズの拡大模型を作ったらグライダーとして飛ばせたというほど、航空力学にかなった造形なんだとか。

● この鉄柱は1500年もの間、まったく錆びていない。

● This iron pillar has not rusted at all for 1, 500 years.

解説 インドのデリーにある"アショカ・ピラー"のこと。この鉄柱は、99.72%という高純度の鉄でできている。何らかの特殊加工が施されていることは間違いないが、それがどんなものであり、誰がそれを行ったのかはまったくわからない。

オーストリアで発見された800年前の携帯電話というのがある。各種ボタンやディスプレイ部分の配置なども、まさにガラケー。何に使われたのか。いまや本物のガラケーが前時代の遺物になろうとしているのだが。

KEY WORD 7-2

[超古代文明] Super ancient civilization

♪波打ち際いつまでも
ムーの足跡さがしてる
so long 12000……

伝説の超古代文明は、1万2000年前に太平洋に沈んだ。

The legendary super ancient civilization sank in the Pacific Ocean 12,000 years ago.

キーワード解説：Super ancient civilization

ムーやレムリア、あるいはアトランティスといった文明は疑わしくても、トルコのギョベックリ・テペ遺跡はマジで1万2000年前のもの。エジプトやメソポタミアより古い。四大文明仮説はもう過去のものだ。

超古代文明と密接につながっているのが、〝古代の宇宙飛行士説〟だ。太古の地球を訪れたエイリアンが自分たちの文明を移植し、その事実に関する記述がさまざまな神話に残されているとする説である。

STEP UP!

- 東はイースター島、西は与那国島まで、ムー大陸の痕跡が遺されている。
- **There are a lot of remnants of MU from the Easter Island in the east to Yonaguni Island in the west.**

解説 イースター島はモアイ、与那国島は海底遺跡で有名だ。太平洋で何か見つかると、やはりムー大陸を連想するよね。

- インド洋にはかつてレムリア大陸があった。
- **There used to be the continent of Lemuria in the Indian Ocean.**

解説 マダガスカルとインドに共通して生息するサルから仮定されたのがレムリア大陸。実在は微妙だが場所はわかりやすい。アトランティスだと大西洋とか地中海とか、スペインとアイルランドの両方で決定的物証があるとか、ふり幅が大きい。

- アトランティスが浮上して、オリハルコン相場が暴落した。
- **The market price of orichalcum fell through the floor after Atlantis had emerged.**

解説 アトランティス大陸は、オリハルコン資源に恵まれた土地だったという記述が残されている。実在すればレアメタルどころではない価値があろうが、実際は銅に近い合金だったようだ。オリハルコンのインゴッドらしきものが引き上げられた例もある。

KEY WORD 7-3

[古代遺跡]
Ancient ruins

!

南極にあるピラミッドや古代遺跡はアトランティス文明の遺産だ。

The pyramidal structures and ancient ruins at the South pole are the legacy of Atlantean civilization.

キーワード解説：Ancient ruins

南極はかつて温暖な環境で文明が栄えていた、それがアトランティスだった……という説がある。地球温暖化で氷が解け、地表が露わになったら、古代の遺跡が出てくるかもしれない。

STEP UP!

- 古代に飛来した異星人が地球に文明を授けた。
- **The aliens came here in ancient times equipped the earth with civilizations.**

解説 文明がいきなり生まれることはない。そして、文明の発達はダーウィン進化論のようにゆったりしたペースでは進まなかった。地球外からやってきた何かが先進文明を地球に移植したとしか考えられない例は世界中にある。

- 「世界の七不思議」とは、古代に実在した偉大な建築物を意味する。
- **"The Seven Wonders of the World" are the great structures that actually existed in ancient times.**

解説 ということは、今から何千年、何万年か後には、あべのハルカスとか東京スカイツリー、ブルジュ・ハリファ、ワールド・トレードセンターがワンダーだと語り継がれているだろうか。

- NASAの調査で、火星にも人面岩や古代遺跡が確認されている。
- **We have confirmed, through the exploration carried out by NASA, that there are The face and other ancient ruins even on Mars.**

解説 1976年に初めて撮影された人面岩は火星文明説のシンボル。2001年に発表された最新画像はいわゆる人面とは似ても似つかないものだったが、逆にNASAが破壊して隠蔽した陰謀説がクローズアップされることになった。

エジプトの三大ピラミッドはオリオン座の配置を表現し、スフィンクスは獅子座を表しているといわれている。古代遺跡の数々は、何千年も遡る時間の流れと、変わらない星空のつながりを示しているのだ。

KEY WORD

7-4

[巨石]
Gigantic stones

!

古代人は音の振動で巨石を宙に浮かべることができた。

Ancient people could levitate gigantic stones using sound vibration.

キーワード解説： Gigantic stones

現代のクレーンを何十基も用意してやっと運べる大きな石を、古代人はどうやって切り出して運んだのか？　巨石を宙に浮かべる技術を持っていた？　それがあれば、空飛ぶ円盤だって簡単に作れそうだ。

STEP UP!

● モアイ像は、自分で歩いて岸辺までたどり着いた。

● **Moai statues walked spontaneously to the shore.**

解説 頭に縄をかけて左右から全体を揺らし、歩くような動きを作って移動させたという説がある。丸太を並べて、それの上を転がしたという説もある。つい真面目に考えてしまうが、やっぱり自分で歩いて行ったと思いたい。

● この山の山頂には古代の祭壇が遺されています。

● **There is an ancient altar on the top of this mountain.**

解説 こうしたロケーションの祭壇は、鳥葬に使われたのか。あるいは天空の神々への供物台か。実は、古代フェスのステージだったりしたのかもしれない。

● ストーンヘンジは古代の祭祀場だったといわれている。

● **Stonehenge is said to be a place for religious services in ancient times.**

解説 その祭祀というものには、天文学や占星術が盛り込まれていたにちがいない。そもそもストーンヘンジは天体観測用に作られたという説もある。ただ、その本当の目的はわからない。もちろん、誰が作ったのかもわかっていない。やっぱり古代フェス？

巨石文明の謎に関しては、石を切り出したり、運んだりした方法が明らかにされるだけでも大変な発見になるだろう。古代の地球を訪れたエイリアンがＵＦＯの推進技術を応用していた可能性は低くない。

KEY WORD

7-5 [ピラミッド] Pyramids

ギザの三大ピラミッドの配置は、オリオン座の三ツ星と一致する。

The configuration of the Great Pyramids of Giza matches up precisely with Orion's belt.

キーワード解説：Pyramids

完成して間もない頃、ギザの三大ピラミッドは表面に石灰が塗られていて真っ白だったという。グラハム·ハンコックは、ピラミッドがオリオンの三ツ星で、スフィンクスが獅子座を表したものだと主張している。

STEP UP!

- 年に2回、ピラミッドの階段に蛇神の姿が現れる。
- A serpent god appears along the steps of the pyramid twice a year.

解説 マヤ文明のチチェン・イツァ遺跡のピラミッド、エル・カスティーヨでは、春分と秋分の日にだけ、階段に蛇神ククルカンの影が現れる。基底の石が蛇の頭なので、もちろん偶然でなく意図的なデザイン。

- ジャングルの奥地に高さ40メートルのピラミッドを発見した。
- We found a 40-meter-high pyramid in the deep jungle.

解説 南米には、うっそうとした木々に覆われて発見されていない遺跡がまだあるといわれている。ひょっとしたら、アトランティス以上の古代文明の存在が明らかになるかもしれない。

- 衛星画像から、未発見の古代遺跡の位置を推定できる。
- We can speculate on the location of undiscovered ancient ruins by looking at satellite images.

解説 衛星写真であたりをつけたら、ぜひ現地調査をしてほしい。スペインのタルテッソスとアトランティス大陸の関係を指摘する仮説も、そもそもは衛星画像が発端だ。古代遺跡を探していて、UFOの基地を見つけてしまう場合もあるけど。

机の上に置けるクリスタル製ピラミッドから、大人4人が楽に寝られるガラス張りのピラミッド型テントまで、ピラミッドパワー・グッズはバラエティー豊か。テントにはオプションで〝すべてを見る目〟も装着できる。

KEY WORD

7-6 [地上絵] Geoglyphs

ナスカの地上絵は、異星人へのメッセージだ。

The Nazca lines are messages to aliens.

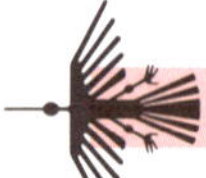

キーワード解説： Geoglyphs

有名なナスカの地上絵はNazca Linesで通じる。地上に大きく描かれた絵のことを全般的にGeoglyphという。そもそも、地上から見ても何かわからない絵を描く必要は何か。そして、どう描くのか？　やはり異星人がらみ？

STEP UP!

- 衛星写真で、カザフスタンにも地上絵があることがわかった。
- Thanks to the satellite images, we found out that there are also some geoglyphs in Kazakhstan.

解説 NASAが発見して、現地調査で8000年から1万年前の遺跡だと判明したトゥルガイの地上絵のこと。衛星写真でしかわからない絵って、やっぱり異星人が描いたとしか思えないぞ。

- 新しく見つかった地上絵が、明らかに地球外生命体を描いたものだった。
- A newly found geoglyph clearly depicts an extraterrestrial being.

解説 ハチドリやサルだとわかればいいのだが、絵が下手な異星人が描いた場合は後世に混乱を残すよね。

- 海底に謎の円形模様が描かれている。
- There is an enigmatic circular pattern on the bottom of the ocean.

解説 海底遺跡もあるのだから、"海底絵"があっても不思議ではないだろう。シッポウフグが繁殖期に作るやつは紛らわしいが。

麦畑に出現するミステリーサークルも一種の地上絵と言えるだろう。出現し始めた1980年代は単純な模様が多かったが、近頃はメッセージ性が強いものが目立つ。誰からの？　誰に向けての？　それはわからない。

KEY WORD 7-7

[三種の神器]
Three sacred treasures

日本では、剣、玉、鏡が三種の神器として祀られている。

In Japan, the Sword, the Jewel, and the Mirror are enshrined as three sacred treasures.

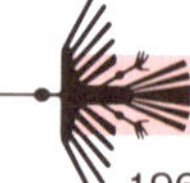

キーワード解説： Three sacred treasures

1960年代の日本では、カラーテレビとクーラー、そして自家用車が三種の神器だった。現代の三種の神器はIoTとビッグデータ、そしてAIと言われている。あと何年かすると、マイロボットと自動運転車、全指向型VRゴーグルというラインナップになるかもしれない。

STEP UP!

- 聖剣を収めた箱を開けると、青白い光が放たれた。
- **When the box that contained the sacred sword was opened, pale blue light shot from inside.**

解説 大戦中に熱田神宮で……という逸話、あながちフィクションの伝奇でもないかも。実際、敵国の大統領、タイミングよく逝去したし。

- 日本の剣山に、契約の箱アークが隠されている。
- **The Ark of the Covenant is hidden somewhere in Mount Tsurugi, Japan.**

解説 キリストの墓が青森にあるし、六芒星は伊勢神宮で散見されるし……。モーセの一行を導いた契約の箱が四国の剣山にあっても、別に驚くこともない。

- 日ユ同祖論で考えると、ヘブライ語と日本語には共通点がたくさんある。
- **In support of the Japanese-Jewish common ancestry theory, there are similarities between Japanese and Hebrew.**

解説 ワイキキビーチのイスラエル人露天商は、日本人を韓国人や中国人と間違えない。理由は「だって、俺たちには似ている言葉がたくさんあるんだよ」だとか。やっぱりわれわれ、同じ祖先なの？

現代人に必要な三種の神器は何か。スマホ、ラップトップ、丈夫なクッションが内蔵されたバックパック。確かに今、地球が滅亡したら、未来の都市遺跡では謎の板状のものが大量に発掘されることになりそうだ。

KEY WORD

7-8 [土偶] Earthen figurines

!

遮光器土偶は宇宙服を着た異星人の姿を思わせる。

The goggle-eyed figurine reminds us of an alien being in a spacesuit.

キーワード解説： Earthen figurines

縄文人は異星人の姿を土偶にしたのかも。だって、あんなにモコモコしたスタイルで、目の細い女性が……今でもいるか。

STEP UP!

● 王の墓所から、1000体の兵士と馬の像が発掘された。

● 1,000 statues of soldiers and horses were excavated from the king's tomb.

解説 始皇帝は、死してもなお権力を誇示すると同時に守りを固めるかのような副葬品を残した。黄金のマスクやきらびやかな宝石に埋もれるようにして眠る王たちもいるが、どっちも生き様が現れている。

● 洞窟に、恐竜を狩る人間の壁画が遺されていた。

● In the cave, there is a wall painting of human beings hunting dinosaurs.

解説 恐竜と人間の足跡が一緒に残っている場所があったり、恐竜にまたがっている人間の土偶があったり……。やっぱり人間と恐竜は共存していた時代があるんじゃないか。

● 水晶髑髏を13個揃えれば、世界は滅亡から救われる。

● If someone manages to find all 13 crystal skulls, the world will be saved from destruction.

解説 実は、もう12個見つかっている。問題は、残りの1個だけ。それを探すのに、100年くらいかかっている。

土で人間や動物の人形を作る文化は世界中の文明にある。聖書で、神は土からアダムを作ったわけだし、ユダヤ教の伝説には動く土人形のゴーレムが登場する。泥遊びは生命創造の再現なのかもしれない。

KEY WORD 7-9

[古代核戦争]

Ancient Nuclear War

モヘンジョ・ダロは、古代核戦争で滅びた都市の遺跡だ。

Archaeological Ruins at MoenjoDaro are the remnants of the cities that perished in the aftermath of an ancient nuclear war.

キーワード解説：Ancient Nuclear War

現地では核爆発のような高熱で生じるガラス状の物体が発見されている。しかし、古代に核戦争があったとすると、人類って本当に反省しない生き物だな……。

STEP UP!

- カッパドキアは古代の核シェルターだ。
- **Cappadocia must have been an ancient nuclear shelter.**

解説 奇岩で知られる世界遺産だが、実は地下洞窟も有名。食糧倉庫や教会もあり、長期間の生活を想定した作りだった。現代の日本でもミサイルが飛んできたら建物や地下に逃げろっていうしね。

- 古代遺跡の叡智を巡って、紛争が勃発した。
- **A dispute broke out over the wisdom stored in ancient ruins.**

解説 映画でも契約の箱やクリスタルスカルなど、古代文明の叡智を奪いあう対決は物語の定番。それを持っていた古代人がなぜ滅びたかは考えないように。

- 古代インド神話に出てくる「インドラの矢」とは、核兵器を指している。
- **Indra's arrow, mentioned in an ancient Indian myth, actually refers to nuclear weaponry.**

解説 各地の神話には神々の戦争が描かれることが多く、そこに出てくる武器が核兵器ではないかという説がある。神々とはエイリアンで、核兵器を使って戦ったのかもしれない。

ムーやアトランティスなど超古代文明があった。現代の技術でも再現できない古代の遺物が世界中にある。古代の核戦争で文明が滅亡した。それらを与えたのはエイリアンだ……。いろいろつながってきたかな？

KEY WORD

7-10

［大洪水］
the Great Flood

神話時代の大洪水で、
地球上の生物はほぼ全滅した。

Almost all of the creatures on earth were wiped out by the Great Flood in the mythological age.

キーワード解説： the Great Flood

ノアの大洪水のような伝説は世界各地の神話に残されている。地球温暖化で海面上昇が懸念されているけど、じわじわと神話が再現されようとしているのか？

STEP UP!

- 世界各地の神話に共通して、洪水伝説が語り伝えられている。
- **Episodes about the Great Flood are common in myths all over the world, and they have been passed on from generation to generation.**

解説 地理的に遠く離れた複数の文明で同じことが語られているということは、共通の体験としてとらえるべきだろう。

- 中生代の恐竜は洪水で絶滅したという説がある。
- **One theory suggests that the dinosaurs in the Mesozoic period were exterminated by the Great Flood.**

解説 恐竜と人間が共存していた説はもう知ってるよね？　神話時代の伝説と合わせて考えると、恐竜と古代人はまとめて洪水で滅びたと仮定するほうが神学的には正しい。

- アララト山の山頂で、箱舟の遺物が発見されている。
- **An artifact, which is thought to be the Ark, has been found on the top of Mt. Ararat.**

解説 衛星写真によって、アララト山の山頂付近に箱舟にそっくりな形の物体が確認されている。トルコ政府が一帯を「ノアの箱舟国立公園」にするなんて話もあるが、そのノリはちょっと違う気がするぞ。

ノアの箱舟の実体は、船の形をしたDNA貯蔵施設だったという仮説がある。古代のエイリアンが、残すべき種族のDNAだけを抽出し、それを〝箱舟〟に保存したというのだ。古代の遺伝子工学説とでも呼ぼうか。

ADDITIONAL TERMS 7

【Baghdad battery】	バグダッド電池。高さ10センチほどの壺を使った蓄電装置。2000年以上前に作られた電池といわれる。
【Ancient Egyptian Light Bulb】	古代エジプトの電球。ハトホル遺跡の壁画に、フィラメントもコードもある電球が描かれている。
【Antikythera Mechanism】	アンティキティラ島の機械。2100年前に作られた天体観測器で、世界最古の科学計算器と呼ばれている遺物。
【Bimini road】	ビミニ・ロード。フロリダ州沖合に浮かぶビミニ島周辺の海底に位置する、ピラミッド状構造や同心円状の柱を中心とする一連の遺跡群。
【Maine penny】	メイン硬貨。ゴッダード・コインとも呼ばれる。アメリカのメイン州で発見された10世紀製のノルウェーの銀貨。
【Stone Spheres of Costa Rica】	コスタリカの石球。直径数センチから2メートルほどのものまでさまざまな大きさの完全な球体。石の塊を切り出し、研磨した高度な技術を思わせる。
【Pili Reis map】	ピリ・レイスの地図。オスマン帝国のピリ提督が作ったとされる世界地図。当時は発見前だった南極大陸が描かれている。
【Turkish Ancient Rocket Figurine】	トルコの古代ロケット土偶。イスタンブールの遺跡から出土した3000年前の遺物。
【Nimrud lens】	ニムルドのレンズ。紀元前7世紀の古代アッシリアの墓所から出土した。水晶板を磨いて作られていた。
【Pyramid eye tablet】	ピラミッド・アイ・タブレット。エクアドルで発見された石製のオーパーツ。高さ30センチほどのピラミッド型遺物。紫外線を当てると“すべてを見る目”が光るという。
【Nebra Sky Disk】	ネブラ・ディスク。1999年にドイツ中央部で発見されたオーパーツ。約3600年前に作られた世界最古の天文盤。
【London Hammer】	ロンドンのハンマー。イギリスでなくテキサス州のロンドンにある1億年以上前の地層から見つかったハンマーの化石。塩素を含んだ合金で作られている。
【The Nile Mosaic of Palestrina】	パレストリーナのナイルモザイク画。紀元前1世紀に、恐竜や剣歯虎の姿が描かれていた。
【Cabrela stones】	カブレラ・ストーン。ペルー人医師ハビエル・カブレラが所蔵する彫刻石のコレクション。恐竜と人間が共存している様子を描いた場面もある。
【Coso artifact】	コソの点火プラグ。50万年前に作られた点火プラグと思われる遺物。

chapter 8

異常気象・滅亡
～地球はいつも大ピンチ～

ABNORMAL CLIMATE, COLLAPSE
—— EARTH IN A DESPERATE SITUATION

8-1

[ファフロツキーズ]
Fafrotskies

!

今日は晴れのち曇り、ところにより
カエルが降るファフロツキーズがあるでしょう。

Today, it'll be fine but cloudy later on, with fafrotskies in some areas. That is, it will be raining frogs.

キーワード解説：Fafrotskies

ファフロツキーズ（FAlls FROm The SKIES＝空からの落下物）は“怪雨”という訳語があてられる。カエルもそうだが、魚が大量に降ってくることもある。時々ブルーの氷の塊が降ってくることもあるが、これは旅客機のトイレからの落し物。

STEP UP!

● 空から魚が降ってきて、
野球の試合は中断された。

● **The baseball game was suspended because it was raining fish.**

解説 イギリスで、体育の時間中に魚が降ってきて授業が中断されたという事件が起きたことがある。でも逆転ホームランが降ってきた魚のせいで外野フライになったら、暴動ものだ。

● 5年前の夏、2か月にわたって赤い雨が
降り続けました。

● **In summer five years ago, we had two months of incessant "red" rain.**

解説 黄砂の影響で黄色がかった雨が降ることはあるだろうが、赤い雨というのはいかにも禍々しい。インド南部で実際に赤い雨が降りつづけた事例があるが、いまだ原因不明のままだ。

● 地表に落ちた隕石には、幸運を引き寄せる
パワーがあるといわれている。

● **Meteoric stones fallen on the ground are said to possess the energy to bring good luck.**

解説 隕石もパワーストーンの一種。ペンダントや指輪にして身に着けたり、床の間に置いたりするとご利益があるかも？　SF映画だと、宇宙バクテリアが付着していて、所有者がレプティリアンとかインセクトイドに変身する展開だ。

80年代の洋楽に、「It's raining men」(by ウェザーガールズ)という名曲がある。ワークアウトに最適なので、ジムワークやジョギングの際にぜひ。ただ、途中で何か降ってきても、一切の責任は負いかねます。

[ポールシフト]
Pole shift

ポールシフトで環境が激変し、無農薬栽培のリンゴの木が枯れてしまった

A pole shift caused an environmental catastrophe, and all the apple trees grown without the use of pesticides died out.

キーワード解説： Pole shift

人には優しい無農薬栽培のリンゴも、地球規模で起きるポールシフトにはかなわない。磁場が反転してしまったら、南半球と北半球が逆転し、南極が北極になって、北極が南極になって……。要するに、大変なことが起きるのだ。

STEP UP!

- 温暖化の影響でシベリアの永久凍土から殺人ウイルスが発見された。
- **As a result of the impact of global warming, a killer virus was found in the permafrost soil of Siberia.**

解説 3万年前のモルウィルス・シベリカムというウイルスが発見されたのは本当だ。未知のウイルスによるパンデミックを懸念する専門家も少なくない。まずはヨーグルトでも飲んで、腸内フローラを整えよう。

- パンデミックによって、14歳以上の人間は全滅した。
- **All human beings older than 14 perished from the pandemic disease.**

解説 そういう選別の病魔はなんだかドラマチックだが、実在は微妙。死滅を免れるため、自ら進んで中2病にかかり、気を若くすれば肉体もついていくかもしれない。とりあえず試してみる価値はある。

- 氷河期に備え、植物の種子を保管する国際組織が発足した。
- **An international organization was inaugurated to preserve plant seeds in order to prepare for an Ice Age.**

解説 その名も種子銀行という施設が実在する。正式名称は「スヴァーバル世界種子貯蔵庫」といい、主導者はビル・ゲイツ氏。植物版のノアの箱舟だ。

ポールシフトが起きたからといって、すべてが上下さかさまになるわけではない。ただ、変なタイミングで物が浮かび上がったり、ドリンクバーから飲み物が出て来なくなったりすることは容易に考えられる。

KEY
WORD

8-3

[ミステリー・サークル]
Crop circles

稲を
守れ!!
ミステリーサークル
ゼロ運動

!

毎年夏、イギリスの田園に
ミステリー・サークルが出現する。

Every summer, in the countryside of England, crop circles appear.

キーワード解説：Crop circles

今や完全に年中行事になってしまったミステリー・サークル。大部分はエイリアンの作品だが、企業のセールスプロモーションの一環として出現する場合もあるらしい。湖に張った氷の上に現れることもある。

かつて、ロープと木の棒でミステリー・サークルを作ったと主張する人がいた。でも、最近は、コンピューターでしか作れないような模様ばかり出現している。異星人がコンピューターで作ったに違いない。

STEP UP!

- 夏に最盛期を迎えるミステリー・サークルは、秋にはすっかり刈り取られる。
- **The peak season of crop circle phenomena is summer —— in fall, all the crops are harvested.**

解説 夏にはミステリー・サークルがたくさん出現し、上空を飛ぶヘリコプターも多いが、秋が近づくにつれて観光客の数も少なくなり、やがてサークルが出現した畑の麦も刈り取られてしまう。イギリスには、「クロップサークル・エール」という銘柄の地ビールがある。

- UFOが着陸した痕跡は、ソーサーネストとも呼ばれる。
- **The landing marks of UFOs are also called saucer nests.**

解説 珍しいからといって、むやみに着陸痕に近づいてはいけない。まず遠くから写真を撮って、それを添付したメールを最寄りのMUFON支部に送ることをお勧めする。ドローンで上空から撮影しておくのも手だ。

- ミステリー・サークルはプラズマで生成される自然現象です。
- **Crop circle phenomena are totally natural, caused by plasma activity.**

解説 オーブが麦畑の上空を飛んでいて、その通過とともにサーッとミステリー・サークルができあがる動画を見たことがある。プラズマボールという装置もあるので、あながち間違いでもない。

[地底]
The bowels of the earth

南極と北極には、地底世界に続く穴がある。

There are holes connected to the subterranean world on the Arctic and the Antarctic continent.

キーワード解説：The bowels of the earth

bowels of the earthは「地球の内部」、subterranean worldは「地底世界」といったニュアンス。極地の地下には、第３帝国や異星人の基地があるといわれていて、グーグル・アースでたまに謎の洞窟っぽいものが見つかったりする。

STEP UP!

- チベットの奥地には、地底世界シャンバラへの入り口がある。
- **In a remote corner of Tibet, there is a gateway to Shambhala, the subterranean world.**

解説 何かの機会でチベットに行くことがあって、そこに怪しい入り口があっても、決して入ってはいけない。そのまま異世界の住人になってしまうかもしれないし、地底でラマ教の修行生活を送ることになるかもしれない。

- 元CIA職員によると、地球のマントルには地底人が住んでいるらしい。
- **According to a former CIA agent, subterranean people are living in the mantle of the earth.**

解説 NSAの個人情報収集を告発したエドワード・スノーデン氏の暴露は、地上世界の極秘情報だけではない。実は地底人の存在についても発信している。最新情報を得たい人は、まずtwitterのフォロワーになるべし。

- 地球の内部には太陽のような火球が輝いている。
- **Inside of the earth, there is a huge shining fireball just like the sun.**

解説 地底世界を垣間見たい？　どうしても見たい人は、浦安へ。しかし週末とか休日は地底世界もごった返しているので、平日の午後5時すぎをお勧めします。

地底世界も、SF小説や映画のテーマとなることが多く、名作も多い。地底文明も本当に存在するならかなり進んでいると思われる。街並みも地上とまったく同じで、地底アイドルもいるかもしれない。

［バミューダ海域］ Bermuda Triangle

8-5

天候のため、この船はバミューダ・トライアングルを突っ切る航路に入ります。

Due to the bad weather, this ship will sail straight through the Bermuda Triangle.

キーワード解説： Bermuda Triangle

バミューダ・トライアングルは船や航空機が消えてしまう魔の海域として有名。財宝を積んだ船が多数沈んでいる可能性もあり、ごく近くの海域で楽しむクルーズツアーがあるようだが、その際にこのアナウンスを聞いたら、要注意。

バミューダ・トライアングルから少し離れた海域で、クルージングやダイビングのツアーが行われていると聞く。旅行に行くなら、遊ぶ場所をしっかり確認して、航空会社にも注意しよう。うっかり進入しないように。

STEP UP!

- 行方不明になっていた船が50年ぶりに港に帰ってきた。
- **A ship which had been missing for 50 years has finally returned to the port.**

解説 バミューダ海域で消えた船舶が突如、帰ってきたが乗員だけがいなくなっていた……というパターン。異世界とかパラレルワールドの時間の進み方は不明だが、乗員が消えるのはなぜだろう。戻ってきたら世界が50年後だった、というのも悲劇だが。

- 樹海では、方位磁石が狂って役に立たない。
- **In a sea of trees (Jukai), a compass is useless because it doesn't work properly.**

解説 磁気異常が起こる場所に行くと、方位磁石の針がくるくる回って役に立たない。というけれど、コマのように回りつづける場所はめったにない。樹海もGPSが使えるのでスマホがあれば安心だ。

- 殺人ウイルスが漏れだしたため、この飛行機は目的地の空港に着陸拒否されました。
- **This is the captain speaking.
We are denied landing at our destination, because of a killer virus leak.**

解説 何を載せて飛んでるんだよ。というか正直に言うもんじゃないよ。チケットはもちろんタダになるとして、宿泊費は？　仕事に行けない間の休業補償は？　防護服を着たCAにコレを言われたらアウト。

[気象兵器]
Weather weapons

学園祭が嫌すぎて、気象兵器で台風を呼んだ。

I was so not in the mood for the school festival, so I summoned a typhoon by using a weather weapon.

キーワード解説： Weather weapons

HAARPというテクノロジーがある。電離層に電磁波を照射して、ごく限られた地域だけに雨を降らせたり、逆に晴れさせたりすることができるといわれている。ただ、そこまでして学園祭阻止に使うのはちょっと……。

STEP UP!

- オーロラ調査施設の実体が気象兵器という噂がある。
- **There's a rumor that the HAARP facility is actually a weather weapon.**

解説 HAARP施設の場所をもっと詳しく言うと、アラスカのガコナという町の外れだ。何もない土地に無機質なアンテナの群れが整然と並んでいる。こんなへんぴな場所から世界中の天候が操作されている、かもね。

- 台風の進行方向を制御し、災害を未然に防いだ。
- **The path of the typhoon was directed as intended and the disaster was averted.**

解説 そう。気象兵器はこういう方向性で使わなければならない。学園祭やマラソン大会が嫌すぎるとか、仕事休みたいからなんて、もってのほかだ。

- いわゆるケム・トレイルかと思ったが、ただの飛行機雲だった。
- **I thought what I saw in the sky was a so-called chemtrail, but it turned out to be just an ordinary airplane track.**

解説 ケム・トレイルというのは、航空機によって散布される謎の化学物質を意味し、毒雲といったニュアンスで使われる。先述のスノーデンは、ケム・トレイルについての情報も暴露している。地底人からケム・トレイルまで、さすがCIA、守備範囲が広い。

天気を味方にしたら、敵はいない。HAARPは気象兵器だが、ホログラム映像投射装置にもなる。たとえば聖者や悪魔、あるいは実物大の巨大怪獣の立体映像を空中に投影して、相手をびびらせることもできるのだ。

［ 日蝕 ］
Solar eclipse

日蝕が起きると、
国家が崩壊するといわれている。

It is said that when a solar eclipse occurs, a nation will collapse.

キーワード解説： Solar eclipse

日蝕を凶兆としてとらえる文化は決して少なくない。ネパールでは、太陽に噛みついて世界を暗闇に陥れる怪物が現れるといわれているそうだ。日本の天岩戸神話は、隠れちゃった神様を踊りで誘い出すという内容で実にハッピーだ。

STEP UP!

● 日蝕を予報した占星術師によって、戦が勝利に導かれた。

● An astrologer who forecasted a solar eclipse led our army to victory.

解説 日蝕で戦場が暗くなることをあらかじめ知っておけば、それに乗じて、慌てる敵軍に攻め込んでいくことができる。三国志の諸葛孔明は、赤壁の戦いで「東南の風」を予報して勝利に導いた。

● この島では、月蝕の日にだけ歌う歌があります。

● On this island, there is a special song we sing only on the day of a lunar eclipse.

解説 日蝕や月蝕は何かと凶兆の扱いだけど、歌いながら光が戻るのを待つ儀式があったらなんだか和む。月蝕の夜に聞くとしたら「Moondance」(ヴァン・モリソン)とかだろうか。

● 新月や満月の日は犯罪や災害が増えるといわれている。

● It is said that on the nights with a new or full moon, the crime rate goes up and more natural hazards occur than usual.

解説 満月効果というのは、統計上、本当にあるらしい。交通事故や出産も増えるようだ。ウソみたいな話だが、外科医の中には満月の夜の手術を避けたがる人が多いという。

日蝕や月蝕のタイミングを正確に知るために作られたとされる遺跡がある。こうした天文現象は、古代人にとって大きな意味があったのだろう。太陽にも月にも、人間の心身に働きかける大きな力がある。

KEY
WORD
8-8

[高次元]
Higher dimension

こんな
ボクらも
元は高次元

ホログラフ理論では、この世界は高次元の投影にすぎないと考えられる。

In Holographic theory, the world is only a projection of the higher dimension.

キーワード解説：Higher dimension

われわれが住むのは3次元。時間軸を加えた４次元はよく聞くが、次元の数を10、あるいは11とする理論がある。ロンドン大学のバーナード·カー教授によれば、“人間の意識とつながる非現実的な次元”まで存在するという。理解は難しいので、説明を求められたらイラストのようにふるまおう。

● 量子物理学で、テレパシーもテレポーテーションも説明できる。

● **Telepathy and teleportation can be explained by quantum physics.**

解説 最新の物理学では科学とオカルトが共存している。ウォール街では量子物理学理論を応用した投資テクニックが注目されていて、この方法で年収1700億円を稼ぎ出すという数学者もいる。客観的にはもはや超能力者だ。

● LHC（大型ハドロン加速器）の上空で、空間のゆがみが観測された。

● **A spatial distortion was observed over the Large Hadron Collider.**

解説 空間のゆがみかは不明ながら、LHCの上空で渦巻き状の奇妙な雲が形成される映像が話題になった。LHCはヒッグス粒子の発見に成功した装置であり、近いうちに重力の謎を解明し、パラレルワールドも発見するといわれている。ここでも科学とオカルトが急接近。

● 米軍のテレポート実験の失敗で、駆逐艦は異次元空間へ飛ばされた。

● **A destroyer was sent to a different dimension because of a failed teleportation experiment conducted by the U.S. military.**

解説 1943年に、艦船をレーダーから不可視状態にする実験（フィラデルフィア計画）が行われたことがある。ところがその駆逐艦は2500キロ以上離れた場所に瞬間移動し、乗組員の体は甲板に溶け込んだり、半身だけ透明化したりしたとか……。

異次元。高次元。パラレルワールド。呼び方はさまざまだが、〝その場所〟が明らかにされる日はそう遠くないかもしれない。ただ、行き方を間違えると体が半分だけ透けちゃったりするからな……。急ぐことはない。

8-9

[ワープトンネル]
Warp Tunnel

!

若いころに参加した実験で、ワープトンネルを通じて火星に行ったことがある。

In the experiment I joined when I was younger, I went to Mars through a warp tunnel.

キーワード解説：Warp Tunnel

たまに「火星での訓練でオバマ元大統領と一緒になった」という人も出てくるから油断できない。気になる思い出話だが、米軍はすでにワープトンネルを開発済みという噂もあるので、ただの与太ではないかもしれない。

現在のインターネットも知らないうちに軍用で整備されていて、いきなり世界と個人のパソコンがつながった。ワープ技術や火星移住計画も、ある日急に「みなさんどうぞ、ご自由に」となるかもしれない。

STEP UP!

● アメリカはすでに火星に植民地を作っている。

● **The U.S. has already established a colony on Mars.**

解説 人面岩のあるシドニア地区ではないようだが、先遣隊がすでに生活を始めていて、この後世界のエリート層を中心に選ばれる人々が次々と入植し、火星地球文明の担い手となる……という話もある。

● あなたの配属先は火星支社です。

● **All right, you are assigned to the Mars branch.**

解説 その火星支社というのは、どの部署もレプティリアンばかりだろう。地球支配階級にお近づきになれるので、エリートコースのはず。

● 火星には地球と同じ大気や水がある。

● **Mars has a similar atmosphere and water composition as earth.**

解説 NASAのマーズランドローバーが撮影した写真によって、火星の空も青いことがばれてしまった。過酷な環境の惑星であるという "事実" は、一部の人々から押し付けられているだけで、実際はすごく住みやすい場所なのかもしれない。

[滅亡]
Destruction

とにかく、地球は滅亡する！

**In any case,
the earth WILL be destructed !**

キーワード解説： Destruction

1999年7の月にも何も起こらなかったし、コンピューター2000年問題も煽られまくったわりにはまったく実害がなかった。だから、個人的には滅亡っていう言葉に特別なインパクトは感じないけど……今度こそ？

STEP UP!

- イエローストーンで噴火が起きたら、北半球は壊滅するだろう。
- **If an eruption occured in Yellowstone, the Northern Hemisphere would be annihilated.**

解説 イエローストーン国立公園の地下には、スーパーボルケーノという超巨大地下火山があり、噴火は時間の問題といわれている。滅亡とか壊滅という言葉はそれだけ聞いても怖くないが、観測されている自然現象の噴火には禍々しいリアリティがある。

- 世界が滅亡するとき、神がきっと私たちを助けにくる。
- **When the world is going to perish, God will surely come to save us.**

解説 アセンションという言葉がある。空中携挙とも言われる。この世の終わりが近づいた時、神が現れて、正しい生き方をする人を選び出して天に上げることを意味する。でも、みんな、神に助けられる自信があるの？

- 物理学者によると、35億年以内に地球は滅亡する。
- **Physicists say that the earth will perish in 3.5 billion years.**

解説 地球が誕生してから46億年が経過したと言われている。滅亡まであと35億年なら、中間地点は過ぎた。自分が生きている間に滅亡しないのならそれで安心だし、あと何回生まれ変われるかを考えても、35億年あれば十分いろいろなことができる。

人類滅亡を恐れることはない。滅亡・再生のサイクルはこれまで何回も繰り返されている。今の人生がうまく行かなくても、次に生まれてくる時に挽回すればいいのだ。再チャレンジのチャンスはいくらでもある。

ADDITIONAL TERMS 2

【Earthquake clouds】	地震雲。大きな地震が発生する直前に発生するといわれる特有の雲。地磁気の乱れに関係していると考えられる。
【Ultra-plinian eruption】	破局噴火。スーパーボルケーノなどの地下に蓄えられていた大量のマグマが一気に噴出し、地球全体に壊滅的な被害をもたらすタイプの噴火。
【Gigantic Meteorite】	巨大隕石。恐竜を滅亡に至らせた原因とされるようなもの。
【Ice Age / Glacial】	氷期。現在は間氷期（Interglacial)。
【Abnormal Weather Pattern】	異常気象。ゲリラ豪雨はguerrilla rain ではなく、sudden rainfall、sudden downpourなどという。
【Project Pegasus】	プロジェクト・ペガサス。地球が破滅する前に、エリート層だけ集めて火星に移住する計画。アメリカ主導で植民の準備は進んでいる。
【Mars Colony】	（地球人用）火星植民地。すでに完成しているという説もある。
【Solar Warden】	太陽系防衛軍。NASAが推進しているといわれる極秘軍備計画。敵性エイリアンの存在を察知し、それらに対抗するための準備が進められているという。
【Sunspot】	太陽の黒点。近年、黒点が消える現象が観測されており、太陽の異常、低温化が危惧されている。
【Solar storm】	太陽嵐。太陽フレア現象が頻発する際の爆発的な太陽風。地球や人工衛星に磁気異常などの大きな影響をもたらす。
【Gamma burst】	ガンマ線バースト。ガンマ線の大量放射は地球のオゾン層を破壊し、その穴から降り注ぐ有害な宇宙線によって地球の生物が滅亡するといわれる。
【Destruction of mankind】	人類の滅亡。地球の滅亡とは別に、環境の変化や伝染病で人類だけの滅亡はありうる。
【Singularity】	技術的特異点。人工知能が人類の知能を上回ることを意味する。2029年に訪れるといわれている。
【Resurrection】	復活。死者の蘇生のほか、復興や再流行といった社会的な意味でも使う。聖書におけるイエスの復活もこの語を用いる。

Owarini
オワリニ

こういう現象全般を
「フォーティアン」というんだ。

In general, these phenomena are described as "Fortean."

最後までお読みいただいたみなさんに心から感謝したい。単語リストと各章に記した例文を総合的に考えると、この本の内容はそれほど“超”日常的ではないのかも、と思えてくる気もする。

例文に関していえば、主語や目的語を入れ替えるだけで、ごく日常的な会話に転用していただけると思う。各章末の単語リストについては、昔から使われてきたオーソドックスな用語から、ここ数年の間で新しいボキャブラリーとして加わったものまでバランスよくカバーすることを心がけた。

では、この本はどんな場面で実際に役立つのか。タイトルでうたっている以上、“超日常”に軸足を置いていることはまちがいない。それを踏まえ、決して邪魔にはならない知識といったニュアンスでとらえていただければ幸いである。

今いる場所で、周囲の人たちを見まわしていただきたい。体の一部が透けてる人がいませんか？　ロングヘアの女性、よく見たらエルフ耳じゃありませんか？　ちょっと離れたところに座っているおじいさんの目、トカゲみたいじゃありませんか？

本書で触れた不思議な現象は、超常現象研究の先駆者、チャールズ・フォートの名にちなんで“フォーティアン現象”と呼ばれる。世界が滅亡するまでの間、そういったフォーティアンなシチュエーションを正しい表現で知らせるため、本書が何らかの形で役立つことをお約束する。

海外旅行にお持ちいただくのもいいだろう。しかし、この本が原因で危険な目に遭ったとしても、筆者およびムー編集部は一切責任を負いません。

読者のみなさんのご無事を心からお祈りしております。

INDEX

A
abduct ：誘拐する 22
abnormal climate ：異常気象 163
Adamski-type ：アダムスキー型 13
Agasthiya leaf ：アガスティアの葉 93
AI（*Artificial Intelligence*） ：人工知能 46
Akashic Records ：アカシックレコード 92,93
Aldebaranian ：アルデバラン星人 77
alien animal ：エイリアン・アニマル 124
alien autopsy film ：異星人の解剖映像 17
altar ：祭壇 149
amphibian ：両生類 123
ancient civilization ：古代文明 141
ancient nuclear war ：古代核戦争 158
ancient ruins ：古代遺跡 146,147,151,159
ancient times ：古代、太古 39,129,141,147,149
annihilate ：全滅させる 183
Antarctic continent ：南極 170
Apollo program ：アポロ計画 28
archaic smile ：アルカイックスマイル 95
Arctic continent ：北極 170
aquatic mammal ：水棲哺乳類 123
Area 51 ：エリア 51 16
Armageddon（*The Final War*） ：最終戦争 50
ashtray ：灰皿 13
assassinate ：暗殺する 40
astrologer ：占星術師 177
Atlantean civilization ：アトランティス文明 146
Atlantians ：アトランティス人 82,83
atmosphere ：大気 181
attendee ：参列者 130
aura ：オーラ 80

B
be born again as ～ ：～に転生する 83
Belgium ：ベルギー 18
Bermuda Triangle ：バミューダ・トライアングル 172
Bigfoot ：ビッグフット 121
bill ：紙幣 36
bipedal creature ：二足歩行の生物 137
blond tomboy ：金髪のおてんば娘 83
bodies of aliens ：異星人の遺体 17

C
Cappadocia ：カッパドキア 159
Captain Kidd ：海賊キッド、キャプテン・キッド 49
carcass of a plesiosaur ：首長竜の死体 123
cast a spell ：呪文を唱える 113
CE（*Close Encounter*） ：接近遭遇 24
cemetery ：墓地 67
chakra ：チャクラ 81
channel with ～ ：～とチャネリングする 76
chemtrail（*chemical trail*）
：ケム・トレイル（化学物質の雲） 175
chronologically ：年代的に 142
Chupacabra ：チュパカブラ 124,125
CIA（*Central Intelligence Agency*）
：中央情報局 45
cigar-shaped UFO ：葉巻形 UFO 13
circular pattern ：円形模様 153
civilization ：文明 147
cleanse ：浄化する 87
clown ：道化師 135
collapse ：崩壊する 176
colony on Mars ：火星の植民地 181
come to existence ：実体化する 134
compass ：方位磁石 173
Comte de Saint-Germain ：サン・ジェルマン伯爵 109
conflict ：紛争 33
conscious mind ：意識 95
conspiracy theory ：陰謀論 32
contactee ：（UFO）コンタクティー 20
contracts with devils ：悪魔との契約 73
crash incident ：墜落事件 14
crew ：搭乗員 24
crop circle ：ミステリー・サークル 168
cryptid ：未確認動物 119,121
crystal skull ：水晶髑髏 157
cursed ～：呪いの～、呪われた～ 56,57

D
demolition ：破壊、壊滅 117
deposit ：手付金 48
destroyer ：駆逐艦 179
destruction ：滅亡 157,182
develop ：開発する 16
devil ：悪魔 72
different dimension ：異次元 179
disaster ：（自然の）災害 107,175
disclosure ：公開する 41
dispose ：隠滅する 14
dog with a human face ：人面犬 135
dormant gene ：眠っている遺伝子 129
dowsing ：ダウンジング 103

E
earthen figurines ：土偶 156
Easter Island ：イースター島 145
eavesdropping ：盗聴 44
ectoplasm ：エクトプラズム 65
eliminate ：排除する、隠滅する 14,35
elongated heads ：長頭 129

encounter　：遭遇する　53
energy vortex　：パワースポット　88,89
enigmatic　：謎の、暗号のような　153
enshrine　：祀る　154
equal exchange　：等価交換　73
eruption　：噴火　183
ESP card　：ESP カード　103
evidence　：証拠、痕跡　14,24,129
evil spirit　：悪霊　59
excavate　：発掘する　143,157
exorcising, exorcism　：除霊　58
extraterrestrial（being）　：地球外生命体　9,26,153

F

Face on Mars　：火星の人面岩　29,147
fafrotskies（*FAlls FROm The SKIES*）
：ファフロツキーズ（空からの落下物）　164
failure　：失敗　179
fairy　：妖精　132
fake　：偽り、偽物　28
feng shui　：風水　110
FEMA（*Federal Emergency Management Agency*）
：米連邦緊急事態管理局　39
fictional story　：作り話　134
flying saucer, flying disc　：空飛ぶ円盤　12
folk story　：昔話　136

G

geoglyphs　地上絵　152,153
get an old hag attack　：金縛りにあう　69
ghost picture　：心霊写真　60
ghost　：幽霊　54,67,69
giant tribe　：巨人族　128
gigantic stone　：巨石　148
goggle-eyed figurine　：遮光器土偶　156
Golden Jets　：黄金ジェット　143
Grey Aliens　：グレイ型エイリアン　137
guardian spirit　：守護霊　78

H

HAARP
（*High frequency Active Auroral Research Program*）
：高周波活性オーロラ調査プログラム　175
hand seal of Fudo-Myoou　：不動明王の印　95
haunted house　：お化け屋敷　63
haunted place, haunted spot　：心霊スポット　62,63
healing crystal　：パワーストーン　86
hex sign　：魔除けの結界　113
hexagram　：六芒星　113
Hibagon　：ヒバゴン　121
hidden animal
：隠棲生物、未確認動物、または絶滅動物　120
higher beings　：上位存在　75
higher dimension　：高次元　85,178
hoax　：つくりもの、でっちあげ　28
holograph　：ホログラフ　85
huge meteor　：巨大隕石　19
hymn　：讃美歌　45
hypnotic regression　：逆行催眠　23

I

ICBM（*Intercontinental Ballistic Missile*）
：大陸間弾道ミサイル　51
Ice Age　：氷期　167
Illuminati　：イルミナティ　39
image processing engineer　：画像処理技術者　15
immortal　：不老不死の　41,135

Indian Ocean　：インド洋　145
Indra's arrow　：インドラの矢　159
insectoid　：インセクトイド、昆虫型異星人　43
insurance money　：保険金　127
intelligent life form　：知的生命体　26
investigation　：取り調べ、捜査　79,102

J

just as prophesied　：予言どおりに　107

K

Kabbalah　：カバラ　107
Kappa　：河童　136
killer virus　：殺人ウイルス　167

L

lake monsters　：湖の怪獣　122
Lemuria　：レムリア　145
levitate　：宙に浮かべる　148
levitation　：空中浮遊　105
ley line　：レイ・ライン、龍脈　89,111
LHC（*Large Hadron Collider*）
：大型ハドロン加速器　179
Loch Ness monster　：ネス湖の怪獣　122,123
Law of Attraction　：引き寄せの法則　90
lucky color　：ラッキーカラー　81
lunar eclipse　：月蝕　177

M

magic circle　：魔法円　112
Magus　：（古代の）博士　116
Martian　：火星人　27
massive creature　：巨大生物　126,127
material evidence　：物証　14
meditation　：瞑想　94
meditative state　：瞑想状態　94

medium ：霊媒 64,65
mermaid ：人魚 135
Messiah ：救世主 115
metallic object ：金属片 23
meteoric stones ：隕石 165
Mezonic period ：中生代 161
MIB（Men In Black） ：メン・イン・ブラック 15
Moai statue ：モアイ像 149
monstrous being ：化け物、妖怪 139
moon surface ：月面 29
Mt. Ararat ：アララト山 161
MUFON（the Mutual UFO Network）
：MUFON、相互 UFO ネットワーク 11
MU ：ムー（大陸、文明） 145
mysterious figure ：怪人 119,134
myth ：神話 161

N

NASA（National Aeronautics and Space Administration）
：アメリカ航空宇宙局） 15,29
natural hazards ：自然災害 177
near-death experience（NDE） ：臨死体験 84,85
nessie ：ネッシー 122
New Agers ：ニューエイジャー（スピリチュアル好き） 89
new moon ：新月 177
New World Order（NWO） ：新世界秩序 38
next life ：来世 83
nightmare ：悪夢 70
Northern Hemisphere ：北半球 183
Nostradamus ：ノストラダムス 106
nuclear shelter ：核シェルター 50,159
nuclear weaponry ：核兵器 159

O

occult ：オカルト 2
ogre ：鬼 85
oil deposit ：油田 103
ominous ：不吉な 70
on the verge ：危機に瀕する 117
OOPArts（Out Of Place Artifacts）
：オーパーツ（場違いな工芸品） 142
optical phenomenon ：光学現象 15
orb ：オーブ 61
orichalcum ：オリハルコン 145
Orion's belt ：オリオンの三ツ星 150
Out of Body Experience（OBE） ：体外離脱体験 85

P

Pacific Ocean ：太平洋 144
pandemic disease ：パンデミック（大規模伝染病） 167
parapsychology ：超心理学 105
past life ：前世 27
pentagram ：五芒星 112
performed kuji-kiri ceremony ：九字を切る 59
perish ：滅ぼす 158,183
permafrost soil ：永久凍土 167
permission ：許可、許可証 137
physical evidence ：物証 14
physicist ：物理学者 183
place for religious service ：祭祀場 149
plant ：埋め込む 23
poisonous fog ：毒霧 125
pole shift ：ポールシフト（磁性の反転） 166
poltergeist ：ポルターガイスト 68
power outage ：停電 19
predict ：予言する 107
presidential candidate ：大統領候補 41
president ：大統領、社長 40
previous life ：前世 82
prime number ：素数 94
prophecy ：予言 106
prophecy ：預言 116
psychic ：超能力者 98,99
psychic ability ：超能力 98
psychic phenomena ：心霊現象 53,69
pyramid ：ピラミッド 150,151
pyramidal structure ：ピラミッド状の構造物 146
pyrokinesis ：発火念力 101

Q

quantum physics ：量子物理学 179

R

rapping sound ：ラップ音 69
regain ：甦らせる 23
remnant ：痕跡 145
remote viewing ：遠隔透視 102
replace ：入れ替わる、すり替わる 35
Reptilian ：レプティリアン、トカゲ型異星人 42
respiratory equipment ：呼吸補助装置 27
reveal ：暴露する 40
Roswell ：ロズウェル 12

S

sacred place ：聖地 87
sacred sword ：聖剣 117,155
saint ：聖人 93
Santa Claus ：サンタクロース 29
satellite images ：衛星画像 151,153

Saturnian ：土星人 27
Savior ：救世主 117
scary story ：（実話）怪談 66
sea of trees ：樹海 173
secret society ：秘密結社 31,36,37
secret weapon ：秘密兵器 17
serpent god ：蛇神 151
SETI（Search for Extra-Terrestrial Intelligence）
：＝地球外知的生命体探査 26
Shambhala ：シャンバラ 171
shadow government ：影の政府 39
similarity ：共通点 155
skull ：頭蓋骨 129
skyfish ：スカイフィッシュ 139
sleepwalking ：夢遊病 71
Slenderman ：スレンダーマン 134
solar eclipse ：日蝕 176
space shuttle ：スペースシャトル 143
spacesuit ：宇宙服 156
spatial distortion ：空間のゆがみ 179
special qualification ：特技 105
spirit ：霊 53,77
spiritual counselor ：スピリチュアルカウンセラー 79
spiritual imcompatibiity ：霊性の不一致 79
spooky story ：怪談 53
spoon bending ：スプーン曲げ 100
spot ：（広い空間の中に）見つける、見出す 11
spring at Lourdes ：ルールドの泉 115
standpoint of the Japanese-Jewish common ancestry theory ：日ユ同祖論 155
Stonehenge ：ストーンヘンジ 149
stigmata ：聖痕 114
subterranean world ：地底世界 170,171
super ancient civilization ：超古代文明 144
super humans ：超人 97
supernatural
：スーパーナチュラル、超自然的な存在 97

T

talisman ：護符 58
Taoist priest ：（道教の）道士 111
telepathy テレパシー、精神感応 99
teleportation テレポート 118,179
terrible foul odor ：悪臭 123
terrorism ：テロ 51
The Ark of the Covenant ：契約の箱アーク 155
The Committee of 300 ：300人委員会 39
the Great Flood ：大洪水 160,161
the Great Pyramids of Giza ：ギザの大ピラミッド 150
The M Fund ：M資金 48
The Nazca lines ：ナスカの地上絵 152
The Seven Wonders of the World ：世界の七不思議 147
therianthrope ：獣人 121
thoughtography ：念写、念写した写真 104,105
thought ：思念、想い 99
three sacred treasures ：三種の神器 154
time travelers ：タイムトラベラー 108
cavities ：虫歯 109
tourist attraction ：観光地 12
tribe of dwarf ：小人族 133
Tsuchinoko ：ツチノコ 138

U

UFO sighting hot spots ：UFO多発地帯 10
UFO（*Unidentified Flying Objects*）
：未確認飛行物体 9,16,17,19,23,77
uncle fairy ：おじさんの妖精、小さいおじさん 133
unfortunately ：残念ながら 15
universe ：宇宙 26
untapped ：眠っている、秘められている 98
unusual ：異常な 11
U.S. Military ：米軍 16,17

V

vampire ：吸血鬼 130
Venusian ：金星人 27

W

wall painting ：壁画 157
warlocks ：魔人 97
warp tunnel ：ワープトンネル 180
weather weapon ：気象兵器 174,175
webbed feet ：水かき 137
wish ：願望 91
witness ：証人 24
Wright Patterson Airbase
：ライト・パターソン空軍基地 17

Y

Yellowstone ：イエローストーン（国立公園） 183
Yoon, yoon, yoon, yoon……
：ゆんゆんゆんゆん…… 20

[著] 宇佐和通

翻訳家、ノンフィクションライター、都市伝説研究家。月刊ムーにて海外の超常現象ニュースのリサーチや翻訳を務める。訳書に『インディゴ・レッスン』(JMA・アソシエイツ)、『世界で最も危険な書物──グリモワールの歴史』(柏書房)、著書に『最新都市伝説の正体』(祥伝社)ほか。

[絵] 石原まこちん

漫画家、都市伝説ウォッチャー。月刊ムーにて漫画『オカルとおさん』を連載。代表作に『THE 3名様』、『にぎっとレゲエ寿司』、『マチビト』ほか。『週プレNEWS』(集英社)にて『キン肉マン』スピンオフ漫画『THE超人様』連載中。

[企画・監修] ムー編集部(学研プラス)

[英文校正] エートゥーゼット
[校正] オルタナプロ
[ブックデザイン] 坂根 舞(井上則人デザイン事務所) 阿部 文香(井上則人デザイン事務所)

ムー公式
実践・超日常英会話

2017年 9月 6日 第1刷発行

著 者 宇佐和通(著)、石原まこちん(絵)

発行人 鈴木昌子
編集人 吉岡勇
企画編集 望月哲史
発行所 株式会社学研プラス 〒141-8415東京都品川区西五反田2-11-8

印刷所 大日本印刷株式会社

◆この本に関する各種お問い合わせ先

【電話の場合】 ◎編集内容については、Tel.03-6431-1506(編集部直通)
◎在庫、不良品(落丁、乱丁)については、Tel.03-6431-1201(販売部直通)

【文書の場合】 〒141-8418 東京都品川区西五反田2-11-8
学研お客様センター『ムー公式 実践・超日常英会話』係

◆この本以外の学研商品に関するお問い合わせは下記まで。
Tel.03-6431-1002(学研お客様センター)

学研の書籍・雑誌についての新刊情報・詳細情報は、下記をご覧ください。
学研出版サイト http://hon.gakken.jp/